출제 트렌드 변화 후 시험을 가장 완벽하게 분석한 교재
가장 완벽한 공무원영어의 시작

최신출제경향 완벽반영

이얼 Real
공무원영어
월간문제집

#03
9급 공무원 영어시험 완벽대비

이얼 편저

Soar
오름 [소:오름]

Soar [sɔːr]
❶ 치솟다 ❷ 증가하다
❸ 급등하다 ❹ 급증하다
❺ 상승하다

인사혁신처에서 발표한
변화한 출제 트렌드
완벽 반영한 월간문제집

최소한의 학습으로
최대의 효율을 위한
컴팩트한 학습량

가장 완벽한
공무원영어 시작을 위한
문법·어휘·구문·독해
문제 모두 수록

모두공 이얼 공무원영어 월간문제집
동영상강의 · 무료강의 · 해설강의 · 다양한 학습 | www.modoogong.com

머리말

수험생 여러분 반갑습니다. 모두공 영어 대표 강사 이얼 교수입니다.

9급 공무원 시험을 대비하는 수험생들에게 가장 도움이 되는 교재는 어떤 형태일까 많이 고민했습니다. 일반적인 수험생들은 기본서-심화-문제풀이의 커리큘럼을 따르고 파이널 모의고사를 치르는 형태의 학습을 해 왔을 것입니다. 소오름 교재는 이런 방식의 기존 커리큘럼을 단축하고 수험생 입장에서 최고 효율의 학습을 할 수 있도록 구성된 교재입니다.

소오름 교재는 공시 인강계 최초로 시도하는 '월간학습서' 개념의 교재입니다. 4주간의 학습 방식에 따라 최고의 효율로 변화하는 9급 시험에 최적화된 학습을 하실 수 있도록 구성했습니다. 소오름 교재는 100% 소화한다기보다는 교재에서 언급되는 내용들을 '학습'하시는 것에 목표를 두시기 바랍니다.

9급 영어의 변화 방향성은 문법, 어휘의 약화 및 독해 및 추론의 강화로 요약됩니다. 그리고 다소 수능시험과의 방향성이 겹쳐질 것으로 보입니다. 따라서 소오름 교재는 최신 고난도 유형의 문제들과, 시사 및 주요 출제 예상 소재의 지문들로 구성되어 있습니다. 소오름에서 다뤄지는 유형의 문제들과 지문의 주요 어휘들에 익숙해지는 것만으로도, 9급 대비 최고의 효율을 얻으실 수 있을 것입니다. 또한 격주로 수록된 모의고사는 독해력 향상과 출제 원리 분석에 최적화 되어 있으며, 실제 시험에서 시간 관리를 할 수 있도록, 독해 지문의 난이도가 조금 높습니다. 하지만 주요 구문들에 대한 심화 학습과, 영작을 통한 문법과 구문 마무리를 완벽하게 하실 수 있도록 안배했으니, 저를 믿고 교재의 구성대로 따라오시기만 해도 분명 실전에서 여유있게 고득점을 하실 수 있을 것입니다.

아무도 시도하지 않았던 시간 단축형 월간 학습지 형태의 교재를 제작하도록 허락해주신 용감한 컴퍼니 양승윤 대표님과 정진성 팀장님, 그리고 소오름 교재가 공시 영어에 얼마나 적합한지 확인하기 위해 직접 베타테스트에 참가해 주시고 우수한 성적으로 합격하신 안소영, 장지혜님 및 네이버 카페 이얼의 영어 마을 회원님들께 감사드립니다.

언제나 수험생 여러분들의 최단기 합격을 위해 더 노력하며, 최고의 컨텐츠로 함께 뛰겠습니다. 꼭 합격하셔서 멋진 인생 즐기시길 응원하겠습니다. 여러분의 합격 후기를 기다리고 있겠습니다.

2023년 12월 이얼

목차

9주차

CHAPTER 01 · VOCA PREVIEW ········ 8
CHAPTER 02 · 출제자의 눈 ········ 10
CHAPTER 03 · 미니모의고사 5회 ········ 30

10주차

CHAPTER 01 · 어휘 TEST ········ 44
CHAPTER 02 · REAL 하프 모의고사 5회 ········ 48
CHAPTER 03 · 구문연습 ········ 59
CHAPTER 04 · 영작연습 ········ 64

11주차

CHAPTER 01 · VOCA PREVIEW ········ 70
CHAPTER 02 · 출제자의 눈 ········ 72
CHAPTER 03 · 미니모의고사 6회 ········ 92

12주차

CHAPTER 01 · 어휘 TEST ········ 104
CHAPTER 02 · REAL 하프 모의고사 6회 ········ 108
CHAPTER 03 · 구문연습 ········ 119
CHAPTER 04 · 영작연습 ········ 124

MONTH PLANNER

CHECK	SUNDAY	MONDAY	TUESDAY
9주차			
☐			
☐			
☐			
10주차			
☐			
☐			
☐			
11주차			
☐			
☐			
☐			
12주차			
☐			
☐			
☐			

TO DO LIST

WEDNESDAY	THURSDAY	FRIDAY	SATURDAY

출제 트렌드 변화 후 시험을 가장 완벽하게 분석한 교재

CHAPTER 01 • VOCA PREVIEW
CHAPTER 02 • 출제자의 눈
CHAPTER 03 • 미니모의고사 5회

Real

이얼영어 www.modoogong.com

WEEK 9

공무원영어
월간문제집

가 장 완 벽 한 공 무 원 영 어 의 시 작

CHAPTER 01

9주차 | 출제 트렌드 변화 후 시험을 가장 완벽하게 분석한 교재

VOCA PREVIEW

01 sweep	범위		14 illiterate	글을 모르는, 문맹의
02 devise	고안하다		15 narrative	이야기, 대사
03 means	수단, 방법		16 status quo	현재 상태
04 be used to doing	~하는 것에 익숙하다		17 necessitate	필요로 하다
05 literature	문학		18 gamechanging	판도를 바꾸는, 획기적인
06 author	작가		19 habituate	익숙하게 만들다
07 orally	구두로		20 offense	공격진, 공격 방법
08 compose	구성하다, 쓰다, 작곡하다		21 potential	잠재적인
09 transmit	전하다		22 apparently	겉으로 보기에
10 adapt	(새로운 용도·상황에) 맞추다		23 anticipated	예상되는
11 transformation	변형		24 deter	저지하다
12 elaborate	정교한		25 nectar	화밀, 과즙
13 rapidly	빠르게		26 dazzling	놀라운, 눈부신

27	reproduce	번식하다
28	compound	혼합물
29	agricultural	농업의
30	passage	흐름
31	costly	비용이 드는, 비싼
32	conservation	(자연) 보전, 보호
33	mutual	상호의, 공통의
34	livelihood	살림살이, 생계
35	exploit	(부당하게) 이용하다, 착취하다
36	disclosure	폭로
37	blur the line	경계를 모호하게 하다
38	employ	이용하다, 고용하다
39	disable	사용할 수 없게 만들다, 무력하게 하다
40	violation	침해
41	incentive	동기
42	prosperity	번영, 호경기
43	plant	공장
44	directness	솔직함

CHAPTER 02

9주차 | 출제 트렌드 변화 후 시험을 가장 완벽하게 분석한 교재

출제자의 눈

01

해석 인간 사회생활의 폭넓은 범위에서, 글은 꽤 최근의 발명품이다. 즉, 사람들은 누군가가 그들의 말을 기록하는 수단을 고안하기 전까지 수천 년간 노래를 부르고 이야기를 말해 왔음이 틀림없다. 오늘날 우리는 문학을 작가가 '쓰는' 어떤 것으로 여기는 데 익숙하지만, 가장 초기에 쓰인 작품들은 보통 구술로 구성되어 전해진 노래나 이야기의 형태였다. 구술 작품은 종종 순수 문학 작품과 다르게 작동한다. 심지어 시인들이 손에 철필 또는 펜을 들고 시를 쓰기 시작한 이후에도, 그들은 자주 오랜 구술 기법을 새로운 용도에 맞추었고, 그들 작품의 중요한 요소는 구술 기법의 잔존물로서나 창의적 변형의 형태로서 가장 잘 이해될 수 있다. 서사시는 특히 구술 기법의 정교한 사용을 보여 주는데, 그중 많은 것들은 시인이 진행되는 이야기의 시구를 빠르게 쓰는 것을 돕기 위해, 그리고 글을 모르는 공연자가 긴 이야기를 기억하는 것을 돕기 위해 개발되었다.

In the broad sweep of human social life, writing is a fairly recent invention: people must have been singing songs and telling tales for many thousands of years before anyone ever devised a means to record their words. We are used today to thinking of literature as something an author writes, but the earliest written works were usually versions of songs or stories that had been orally composed and transmitted. Oral compositions often work differently than purely literary works. Even after poets began to compose with stylus or pen in hand, they often adapted old oral techniques to new uses, and important elements of their work can best be understood as holdovers or creative transformations of oral techniques. Epic poems show particularly elaborate uses of oral devices, many of which were developed to aid poets in rapidly composing lines of an ongoing story, and to help illiterate performers remember a long narrative.

*stylus 철필(등사판으로 박을 글씨를 원지에 쓰는 필기도구)
**holdover 잔존물

02

해석 솔직함과 정직은 우리 사회가 높이 평가하는 자질이다. 우리는 사람들이 자신이 누구라고 말하는 그대로이기를 그리고 우리에게 그들 자신에 대해 진실을 말해 주기를 기대한다. 컴퓨터의 출현 이전에는, 가명을 사용하는 사람은 누구나 불명예스러운 무언가를 숨기고 있는 것으로 생각되었다. 경험이 부족한 컴퓨터 사용자들은 온라인 관계에 대해서도 계속해서 이렇게 느낄 수도 있다. 우리가 사람들을 평가하기 위해 사용하는 단서들 중 많은 것들이 사이버 공간에서는 없기 때문에, 컴퓨터 사용자들은 가상의 만남 장소가 대면 관계와 다르다는 것을 이해할 필요가 있다. 우리가 인스턴트 메시지 팝업이나 채팅방 화면 뒤에 있는 사람들을 알고 믿을 만한 충분한 이유가 있을 때까지는, 우리는 익명으로 남아야 하고 그렇게 하는 것이 정직하지 않은 것이 아니다.

Directness and honesty are qualities that our society values highly. We expect people to be who they say they are and tell us the truth about themselves. Before the advent of computers, anyone who used an assumed name was thought to be hiding something disreputable. Inexperienced computer users may continue to feel this way about online contacts. Because so many of the cues that we use to evaluate people are missing in cyberspace, computer users need to understand that virtual meeting places are different from face-toface contacts. Until we have good reason to know and trust the people behind the instant message pop-up or the chat room screen, we should remain anonymous and it is not dishonest to do so.

03

해석 사용자 습관은 그것들을 만들어 낼 만큼 운 좋은 기업에게는 요긴한 것인 반면에, 그것들의 존재는 본질적으로 현재 상태를 무너뜨리려는 새로운 혁신과 신생 기업이 성공할 가능성을 더 적게 만든다. 사실, 장기적인 사용자 습관을 성공적으로 바꾸는 것은 대단히 드문 일이다. 행동을 변화시키는 것은 사람들이 행동하도록 설득하는 방법에 대한 이해뿐만 아니라, 그들이 오랫동안, 이상적으로는 남은 인생 동안, 행동 방식을 반복하도록 만드는 것 역시 필요로 한다. 습관 형성 사업을 성공적으로 이룬 기업은 판도를 바꾸는, 크게 성공한 혁신과 자주 관련된다. 하지만 여느 분야와 마찬가지로, 습관 설계에도 어떤 제품들은 삶을 바꾸는 반면 다른 것들은 그렇지 않은 이유를 규명하고 설명하는 규칙이 있다. 한 예로 우리의 마음은 우리의 예전 사고방식과 행동 방식으로 되돌아가는 경향이 있기 때문에, 새로운 행동 방식은 짧은 반감기를 가진다. 새로운 행동 방식에 익숙해진 실험동물들이 시간이 지남에 따라 처음 학습된 행동 방식으로 되돌아가는 경향이 있다는 것을 여러 실험이 보여준다. 회계 용어를 빌리자면, 행동 방식은 LIFO이다. 즉, '마지막으로 들어온 것이, 제일 먼저 나간다.'

While user habits are a boon to companies fortunate enough to generate them, their existence inherently makes success less likely for new innovations and startups trying to disrupt the status quo. The fact is, successfully changing longterm user habits is exceptionally rare. Altering behavior requires not only an understanding of how to persuade people to act but also necessitates getting them to repeat behaviors for long periods, ideally for the rest of their lives. Companies that succeed in building a habit-forming business are often associated with gamechanging, wildly successful innovation. But like any discipline, habit design has rules that define and explain why some products change lives while others do not. For one, new behaviors have a short halflife, as our minds tend to return to our old ways of thinking and doing. Experiments show that lab animals habituated to new behaviors tend to regress to their first learned behaviors over time. To borrow a term from accounting, behaviors are LIFO—"last in, first out."

04

해석 NASA와 미 공군 모두 집중력을 잃게 만들 수도 있는 비행과 장비 문제에 대처하도록 우주 비행사와 조종사를 훈련시키기 위해서 흔히 모의 훈련 비행을 사용한다. 성공적인 코치 또한 실제로 게임과 비슷한 상황을 만들어서 운동선수들이 잠재적으로 주의를 흐트러뜨리게 하는 것에 대비할 수 있도록 모의 훈련을 사용한다. 그들은 압박 상황, 군중이 내는 소음, 기상 상태, 그리고 실제 경기가 있는 낮 시간이나 밤 시간을 모의 훈련을 할 수도 있다. 예를 들어, 떠들썩한 군중의 소음이나 상대 팀의 응원가가 실린 녹음테이프가 장내 방송 설비에서 요란하게 울리는 가운데 팀이 자기네 공격진을 뛰게 하는 것은 미식축구에서 드물지 않다. 카메라 누르는 소리에 주의가 산만해지는 프로 골프 선수는 퍼팅을 연습할 때 어떤 사람이 사진을 찍게 할 수도 있다. 심판이 오심인 듯한 판정을 내릴 때 집중력을 잃는 운동선수는 집중력을 다시 회복하는 전략을 연습할 수 있도록 훈련 시간 동안 자신에게 불리한 오심이 내려지게 할 수도 있다. 요점은 주의를 흐트러뜨릴 것으로 예상되는 것을 친숙하게 만드는 것이다.

Both NASA and the U.S. Air Force commonly use flight simulations to train astronauts and pilots to cope with flight and equipment problems that might cause them to lose focus. Successful coaches also use simulations to prepare athletes for potential distractors by creating gamelike situations in practice. They may simulate pressure situations, crowd noise, weather conditions, and the time of day or night of the actual event. For example, it is not uncommon in American football for teams to run their offense with a tape of loud crowd noise or the opposing team's fight song blaring from the public address system. A professional golfer who is distracted by the sounds of a camera click may have a person take pictures while he practices putting. An athlete who loses focus if an official makes an apparently bad call could have bad calls made against her during training sessions so she can practice her refocusing strategies. The point is to make anticipated distractions familiar.

*blare (소리를) 요란하게 울리다

05

해석 식물은 천재적인 화학자다. 그것들은 생존의 모든 측면 하나하나를 화학적 혼합물을 제조하는 능력에 의존한다. 즙이 많은 잎을 가진 식물이 먹히는 것을 피하려고 달아날 수는 없다. 그것은 자체의 화학적 방어 수단에 의존해 세균을 죽이거나, 해충을 저지하거나, 잠재적 포식자를 독살한다. 식물은 또한 번식도 해야 한다. 식물은 동물이 하듯이 화려한 춤이나 뿔 대 뿔 결투에서의 승리, 혹은 잘 지어진 둥지로 잠재적인 짝을 감동시킬 수 없다. 번식을 완수하기 위해서는 꽃가루 매개자를 끌어들여야 하기 때문에, 식물은 취하게 하는 향기, 달콤한 화밀, 그리고 벌과 나비가 저항할 수 없는 신호를 보내는 페로몬을 진화시켜 왔다. 식물이 거의 모든 문제를 화학 물질을 만들어 해결한다는 것과 지구상에 거의 40만 종의 식물이 있다는 것을 고려해 볼 때, 식물 왕국은 놀랍도록 많은 유용한 물질의 공급원이라는 것이 전혀 놀랍지 않다.

05

Plants are genius chemists. They rely on their ability to manufacture chemical compounds for every single aspect of their survival. A plant with juicy leaves can't run away to avoid being eaten. It relies on its own chemical defenses to kill microbes, deter pests, or poison would-be predators. Plants also need to reproduce. They can't impress a potential mate with a fancy dance, a victory in horn-to-horn combat, or a well-constructed nest like animals do. Since plants need to attract pollinators to accomplish reproduction, they've evolved intoxicating scents, sweet nectar, and pheromones that send signals that bees and butterflies can't resist. When you consider that plants solve almost all of their problems by making chemicals, and that there are nearly 400,000 species of plants on Earth, it's no wonder that the plant kingdom is a source for a dazzling array of useful substances.

06

해석 사업체의 발전을 위한 분명하고도 바람직한 특징은 수요의 빠른 증가이다. 만약 인구가 증가하고 있거나 사람들이 더 부유해지고 있다면, 그것은 기업인에게 새로운 공장과 혁신적인 제품에 투자할 동기를 제공할 것이다. 그러나 중요한 것은 단지 지역 소비자들의 부유함만이 아니다. 수요의 다른 특징들도 역할을 한다. 고객들이 직면한 문제들은 사업의 기회를 열어 줄 수 있다. 이것의 한 예는 냉방 장비를 만드는 사업체의 발전에서 찾아볼 수 있다. 최초로 성공한 기업들은 1900년대 초반 미국 동부에 있었으며, 물론 미국인의 번영이 중요한 요인이었는데 그 이유는 그들이 냉방이라는 사치에 돈을 쓸 여유가 있었기 때문이었다. 하지만 똑같이 중요한 것은 더위와 습기를 피하고자 하는 사람들의 열망이었다. 환경은 사람들이 무엇을 중시하는지 그리고 그들이 어떤 제품을 구입하는지를 결정한다.

An obvious desirable characteristic for the development of a business is a fast growth in demand. If a population is growing or becoming richer, it will provide an incentive for entrepreneurs to invest in new plants and innovative products. However, it is not just the wealth of local consumers that is important. Other characteristics of demand play a role. The problems that customers face can open business opportunities. An example of this can be seen in the development of businesses making air conditioning equipment. The first successful enterprises were in the eastern United States in the early 1900s, and, yes, the prosperity of Americans was a key factor as they could afford the luxury of air conditioning. But equally important was the desire of people to escape the heat and humidity. The environment determines what people value and what products they buy.

07

해석 소셜 네트워크 사용자들을 폭로나 사생활 위협 또는 침해로부터 보호하기 위해 기술이 사용될 수 있는 방법은 여러 가지가 있다. 더 철저한 기술적 해결책에는 소셜 미디어/소셜 네트워크를 작동하지 않게 하거나 사용을 금지하는 것이 포함된다. 예를 들어, 일부 학교와 직장은 소셜 네트워킹 사이트에 대한 명백한 제한을 두거나, 어떤 경우에는 완전한 금지를 시행하고, 학생 및 직원들이 이러한 사이트에 접근하지 못하도록 소셜 네트워크를 정보 통신 기술 차원에서 사용할 수 없게 만든다. 이 해결책의 문제는 이런 사이트를 이용하는 이점 역시 사라진다는 것이다. 게다가, 이렇게 하면 학교에 있는 동안이나 근무 시간 동안에는 이러한 사이트의 사용을 막을 수는 있지만, 수업[근무] 시간 후에 행해지는 일들에는 아무런 영향을 미치지 못한다. 온라인 환경에서 발생하는 맥락의 붕괴는 학교 시간이나 근무 시간 외에 발생한 온라인상의 정보 교환이 사람들의 학교생활이나 직장 생활에 영향을 줄 정도로 사람들의 직장 생활과 사생활 간 경계를 모호하게 한다. 그러므로 이러한 전략을 이용하는 것이 잠재적 위험을 전반적으로 최소화하는 데 반드시 효과적인 것은 아니다.

There are a number of ways in which technology can be used to protect social network users from disclosure or privacy threats or violations. More drastic technical solutions involve disabling or banning social media/social networking. For example, some schools and workplaces place explicit restrictions or in some cases a complete ban on social networking sites and they are disabled at the IT level so that students or employees cannot access these sites. The problem with this solution is that the benefits of using these sites are also lost. Additionally, while this may prevent use of these sites during school or work hours, it has no impact on what is done after hours. The context collapse that occurs in an online environment blurs the line between people's professional and personal lives such that online information exchanges that occur outside of school or work hours impact people's lives at school or work. Therefore, employing these strategies is not necessarily effective in minimizing the potential risks overall.

*drastic 철저한, 격렬한

08

해석 우리는 우리가 아이들을 기르는 능력을 가지고 있다고 믿지만, 현실은 우리의 아이들이 우리가 되기를 바라는 부모로 '우리'를 기르는 능력을 가지고 있다. 이러한 이유로, 양육 경험은 부모 '대' 아이가 아니라 아이'와 함께하는' 부모의 경험이다. 완전함으로 가는 길은 우리 아이들의 무릎에 놓여 있으며[우리 아이들에게 달려 있으며], 우리가 해야 할 일은 자리에 앉아있는 것뿐이다. 우리 아이들이 우리 자신의 본질로 되돌아가는 길을 보여주기에, 그들은 우리를 가장 잘 일깨우는 사람이 된다. 만일 그들이 증진된 자각의 입구로 우리를 안내할 때, 우리가 그들의 손을 잡고 그들의 안내를 따라가지 못하면, 우리는 우리 자신의 깨달음으로 향해 가는 기회를 잃게 된다.

While we believe we hold the power to raise our children, the reality is that our children hold the power to raise us into the parents they need us to become. For this reason, the parenting experience isn't one of parent versus child but of parent with child. The road to wholeness sits in our children's lap, and all we need do is take a seat. As our children show us our way back to our own essence, they become our greatest awakeners. If we fail to hold their hand and follow their lead as they guide us through the gateway of increased consciousness, we lose the chance to walk toward our own enlightenment.

09

해석 몇몇 경우에 개발이 자연 자원의 보전 그리고/혹은 보존에 불가피할 수 있다. 예를 들어, 시골 지역에 보전 지역권을 설정하는 것은 보통 재원을 필요로 한다. 자연 보전 프로그램은 엄청난 비용이 들 수 있고 이 비용의 많은 부분을 지역 사회가 떠안아야 할 수도 있다. 따라서, 매우 가난한 지역은 자연의 쾌적한 환경을 보전하기가 더 어려울 수 있다. 살림살이를 개선할 다른 기회가 없으면, 가난한 사람들은 자연환경을 부당하게 이용할 가능성이 높다는 것을 보여 주는 방대한 문헌이 있다. 그러므로, 오늘날 많은 자연 보전 프로그램은 성공적인 자연 보전 프로그램을 만들기 위해 시골 거주자를 위한 경제적 기회를 제공할 필요성을 이해한다. 이 경우, 환경과 일자리 사이에 상호 관계가 있다.

In some cases development may be necessary for the conservation and/or preservation of natural resources. Establishing a conservation easement in a rural area, for example, typically requires financial resources. Conservation programs can be very costly and many of these costs may be forced on local communities. Thus, it may be more difficult for a very poor area to conserve its natural amenities. There is a large body of literature suggesting that the poor are likely to exploit their natural environment if there are no other opportunities to improve their livelihoods. Thus, many conservation programs today understand the need to provide economic opportunities for rural residents in order to build a successful conservation program. In this instance, there is a mutual relationship between the environment and jobs.

*conservation easement 보전 지역권

10

해석 대부분의 과학 역사가들은 별과 행성에 대한 연구, 즉 우리가 현재 천문학이라 부르는 것에 대해 배우고자 하는 동기로 농업 활동을 규제하기 위한 신뢰할 만한 달력의 필요성을 지적한다. 초기 천문학은 언제 작물을 심어야 하는지에 대한 정보를 제공했고 인간에게 시간의 흐름을 기록하는 그들 최초의 공식적인 방법을 제공했다. 영국 남부에 있는 4,000년 된 고리 모양을 하고 있는 돌들인 스톤헨지는 아마도 우리가 살고 있는 세계에서 규칙성과 예측 가능성을 발견한 가장 잘 알려진 기념비일 것이다. 스톤헨지의 커다란 표식은 우리가 계절의 시작을 표시하기 위해 여전히 사용하는 날짜인 지점(至點)과 분점(分點)에서 태양이 뜨는 지평선의 장소를 가리킨다. 그 돌들은 심지어 (해·달의) 식(蝕)을 예측하는 데 사용되었을지도 모른다. 글이 없던 시절 사람들이 세운 스톤헨지의 존재는 자연의 규칙성뿐만 아니라 눈앞에 보이는 모습의 이면을 보고 사건에서 더 깊은 의미를 발견할 수 있는 인간의 정신적 능력을 말없이 증언해 준다.

Most historians of science point to the need for a reliable calendar to regulate agricultural activity as the motivation for learning about what we now call astronomy, the study of stars and planets. Early astronomy provided information about when to plant crops and gave humans their first formal method of recording the passage of time. Stonehenge, the 4,000-year-old ring of stones in southern Britain, is perhaps the best-known monument to the discovery of regularity and predictability in the world we inhabit. The great markers of Stonehenge point to the spots on the horizon where the sun rises at the solstices and equinoxes—the dates we still use to mark the beginnings of the seasons. The stones may even have been used to predict eclipses. The existence of Stonehenge, built by people without writing, bears silent testimony both to the regularity of nature and to the ability of the human mind to see behind immediate appearances and discover deeper meanings in events.

*monument: 기념비
**eclipse: (해·달의) 식(蝕)
***testimony: 증언

CHAPTER 03

9주차 | 출제 트렌드 변화 후 시험을 가장 완벽하게 분석한 교재

미니모의고사 5회

01 다음 글의 주제로 가장 적절한 것은?

Finding an ideal location for a piano is often difficult. In the order of importance, the location should help preserve the instrument, be acoustically satisfactory, and be aesthetically pleasing. Ideally, a piano should be placed on an inside wall, away from the direct rays of the sun. Moreover, it should not be placed next to heaters, stoves, air conditioners, or near heat ducts or cold air returns. Drafty locations next to open windows or doors should also be avoided. Instruments that are placed directly beneath water pipes or emergency sprinkler systems should be protected with a waterproof cover from possible water damage. Finding the best location for a piano also includes acoustical considerations; usually a piano sounds best in a room without thick wall-to-wall carpeting or heavy, sound-absorbing draperies.

*duct 덕트(공기와 같은 유체가 흐르는 통로)
**drafty 외풍이 있는
***draperies 긴 커튼

① tips for choosing the best location for a piano
② reasons for hiring a professional piano mover
③ considerations when buying a piano for children
④ acoustically ideal places for musical performances
⑤ factors in determining the frequency of piano tuning

02 (A), (B), (C)의 각 네모 안에서 문맥에 맞는 낱말로 가장 적절한 것은?

There is no question that a large amount of communication among humans is intentional, but much unintentional signaling takes place as well. For example, in many cultures, someone (A) given / giving a friendly greeting to another person raises his or her eyebrows for a moment. This facial gesture is called "eyebrow flashing." Unless we make a conscious effort to think about it, we are not aware of having performed an eyebrow flash. Even the receiver may not be aware of having seen the eyebrow flash, (B) despite / although the fact that it is a very important aspect of the greeting and alters the receiver's interpretation of the words spoken at the time. As Irenaus Eibl-Eibesfeldt has demonstrated, greetings made without the eyebrow flash are interpreted as less friendly even when the spoken words are identical. People in some cultures do not eyebrow flash, and this can create unintentional difficulties in intercultural communication. There are many other examples of what is called nonverbal communication in humans, most of (C) them / which are both signaled and received unintentionally.

*obscurity: 무명, 알려지지 않은 상태
**on par with: ~과 동등한

	(A)	(B)	(C)
①	given	despite	them
②	given	although	them
③	given	despite	which
④	giving	although	which
⑤	giving	despite	which

03 (A), (B), (C)의 각 네모 안에서 문맥에 맞는 낱말로 가장 적절한 것은?

Socially anxious people usually feel friendly towards others and certainly have their fair share of the positive characteristics that other people appreciate. They may have a sense of fun, be energetic and generous, kind and understanding, serious, amusing, quiet or lively, and they (A) deliberately / spontaneously behave in these ways when they feel at ease. But feeling at ease in company is so hard for them, and makes them so anxious, that these qualities are often hidden from view. The anxiety interferes with their expression, and the ability to (B) conceal / display them may have gone rusty from lack of use. Indeed, socially anxious people may have altogether lost belief in their likeable qualities together with their self-confidence. One of the rewards of learning to overcome social anxiety is that it enables you to express aspects of yourself that may previously have been stifled, and (C) allows / forbids you to enjoy, rather than to fear, being yourself.

*stifle 억누르다, 억압하다

	(A)	(B)	(C)
①	deliberately	conceal	allows
②	deliberately	display	forbids
③	spontaneously	display	allows
④	spontaneously	display	forbids
⑤	spontaneously	conceal	allows

04 밑줄 친 a strange sort of deafness가 다음 글에서 의미하는 바로 가장 적절한 것은?

For some reason, sound technology seems to induce a strange sort of deafness among its most advanced pioneers. Some new tool comes along to share or transmit sound in a new way, and again and again its inventor has a hard time imagining how the tool will eventually be used. When Thomas Edison completed Édouard-Léon Scott de Martinville's original project and invented the phonograph in 1877, he imagined it would regularly be used as a means of sending audio letters through the postal system. Individuals would record their missives on the phonograph's wax scrolls, and then pop them into the mail, to be played back days later. Bell, in inventing the telephone, made what was effectively a mirror-image miscalculation: He envisioned one of the primary uses for the telephone to be as a medium for sharing live music. An orchestra or singer would sit on one end of the line, and listeners would sit back and enjoy the sound through the telephone speaker on the other. So, the two legendary inventors had it exactly reversed: people ended up using the phonograph to listen to music and using the telephone to communicate with friends.

*phonograph: 축음기
**missive: 편지, 서한(書翰)

① an achievement made by sudden inspiration
② success after long periods of intangible results
③ an outcome that differs from what was imagined
④ a challenge to the traditional process of invention
⑤ an accidental discovery not through trial and error

05 다음 빈칸에 들어갈 말로 가장 적절한 것은?

Keep in mind that while coaching our children to future success, we can't forget about the _____. Understanding how what you are doing today benefits you today and not just somewhere down the road is an essential part of personal motivation. Sometimes seeing the big picture isn't enough; in fact, the big picture can sometimes be overwhelming. For example, when writing the manuscript for this book, I spent many a morning procrastinating because I could only see the big picture. The big picture overwhelmed me! The ability to break a goal down into manageable pieces is important to motivation. When I saw that if I only did some work every day, I would eventually reach my goal of finishing an enormous project, I was motivated to do a little bit every day. I began to enjoy the journey of writing when I saw how writing every day benefited me today and not just at some time in the future. In that sense, be careful using the big picture as motivation.

*procrastinate: 질질 끌다, 미루다

① cost
② past
③ results
④ present
⑤ possibilities

06 다음 빈칸에 들어갈 말로 가장 적절한 것은?

Not everyone comes to see the game. For some, the contest merely provides the setting and opportunities for the expression of other motives. The _____ provided by the crowd itself suggests a reason for people to attend. This very point was elaborated by William McDougall in a book published in 1908, in which he developed his case for the existence of a gregarious instinct in humans. The question he posed at the turn of the century certainly argues convincingly for the view that we are social creatures. (However, additionally labeling the observed behavior as an "instinct" creates a tautology that adds nothing to our understanding.) McDougall asks his readers, "What proportion of the ten thousand witnesses of a football match would stand for an hour or more in the wind and rain, if each man were isolated from the rest of the crowd and saw only the players?" We would guess very few in 1908, fewer today.

*gregarious 남과 어울리기 좋아하는
**tautology 유의어 반복

① social contact
② direct support
③ chain reaction
④ peer pressure
⑤ collective wisdom

07 다음 빈칸에 들어갈 말로 가장 적절한 것은?

　　As analyses of the primal form of communication have advanced, so has the observed richness of its universal vocabulary. One suite of signals contains postures that display dominance within groups, as well as the means to achieve it in the first place. They turn out to be similar to those in social Old World monkeys and apes. Deborah H. Gruenfeld, a social psychologist at Stanford University, found that people feel more _____ — and often are so in actuality — when they display the following traits in the presence of groupmates: Behave expansively, keep your hands away from your body, make eye contact as you talk but feel free to look away at your leisure. Don't explain yourself in any detail. Take ownership of the space around you, whether a boardroom or an office cubicle, in order to say to yourself and imply to others, "This is my table, this is my room, you are my audience."

*primal 원시적인
**office cubicle 칸막이 사무실

① modest
② intimate
③ accepted
④ powerful
⑤ generous

08 주어진 글 다음에 이어질 글의 순서로 가장 적절한 것은?

The performance of individuals in your reference groups can affect your selfesteem.

(A) They may also sometimes engage in *upward social comparison*, in which they compare themselves with people who are doing much better than they are. At first glance, this might not seem sensible, and, for some people, it can be discouraging, but upward social comparison can also create optimism about improving our own performance.

(B) For example, if being good at science is important to you, knowing that someone in your reference group always scores much higher than you on science tests can lower your self-esteem. To protect their self-esteem and make themselves feel better, people sometimes compare themselves with those who are not as good, a strategy called *downward social comparison*.

(C) We may tell ourselves, "If they can do it, so can I!" Or we might tell ourselves that the superior performer is not really similar enough to be in our reference group or even that the ability in question is not that important to us.

① (A) – (C) – (B)
② (B) – (A) – (C)
③ (B) – (C) – (A)
④ (C) – (A) – (B)
⑤ (C) – (B) – (A)

09 글의 흐름으로 보아, 주어진 문장이 들어가기에 가장 적절한 곳은?

The problem, however, starts again when play becomes a profession — with all the external rewards and responsibilities that this entails.

Play is often discounted as something for children, because it does not deal with important survival processes, because it is useless. (①) But this is a profound misunderstanding. (②) Play is important because it is useless; because it allows us to act not because of necessity or convenience, but in order to freely express our being. (③) Musicians playing for leading symphony orchestras, or athletes playing for multimillion contracts with elite teams, no longer feel that they play to express their being. (④) Instead, they start feeling that their skill is being used by others for their own ends. (⑤) When that happens, instead of allowing for the free flow of consciousness, even play becomes part of the iron cage.

10 다음 글에서 전체 흐름과 관계 없는 문장은?

With the coming of the Industrial Revolution, the social concentration of activities of the public square and indeed the entire public realm has diminished. Technological innovations including the telephone and the Internet combined in the latest cell phone innovations are partly responsible. ① The automobile has made it possible to travel in virtual privacy and thus withdraw from contact with others in trains, buses, and other forms of public transportation. ② Homes are larger than ever, with household technology such as refrigerators and freezers limiting the frequency of grocery shopping. ③ Town squares have served as festival sites for both religious and civic purposes, as well as for military exercises and political gatherings. ④ Internet shopping has been largely responsible for the decline of bookstores, a traditional source of public gatherings. ⑤ In sum, the investment of time in the public realm and its gathering places has significantly diminished with great negative implications for civic society.

정답 및 해설

CHAPTER 03 미니모의고사 5회

빠른 정답 찾기

| 1 ① | 2 ⑤ | 3 ③ | 4 ③ | 5 ④ | 6 ① | 7 ④ | 8 ② | 9 ③ | 10 ③ |

01　①

해석　피아노를 놓을 이상적인 위치를 찾는 것은 흔히 어렵다. 중요도 순서에 따라 (위치의 조건을 말하자면) 그 위치는 악기를 보호하는 데 도움이 되어야 하고, 음향적으로 만족스러워야 하며, 미적으로 매력적이어야 한다. 이상적으로 피아노는 태양의 직사광선으로부터 떨어져서 안쪽 벽에 붙여 놓아야 한다. 또한 그것은 난방기, 난로, 에어컨 옆이나 열 덕트나 냉풍 순환 덕트 근처에 두어서는 안 된다. 열린 창문이나 문 옆의 외풍이 있는 장소도 또한 피해야 한다. 수도관이나 비상 스프링클러 소화 장치 바로 아래에 놓인 악기는 방수 덮개로 덮어서 일어날 수도 있는 물에 의한 피해로부터 보호되어야 한다. 피아노를 놓을 최적의 위치를 찾는 것은 또한 음향 고려 사항을 포함하는데, 대개 피아노는 바닥 전면을 덮는 두꺼운 깔개나 소리를 흡수하는 두꺼운 긴 커튼이 없는 방에서 소리가 가장 좋다.

02　⑤

해석　사람 간 의사소통의 많은 부분이 의도적이지만 의도되지 않은 많은 신호도 발생한다는 점에는 의문의 여지가 없다. 예를 들어, 많은 문화에서, 다른 사람에게 다정한 인사를 건네는 어떤 사람은 눈썹을 잠시 치켜올린다. 이 표정은 '(인사로) 눈썹을 찡긋하기'라고 불린다. 우리가 그것에 대해 생각해 보려고 의식적인 노력을 하지 않는다면, 우리는 눈썹 찡긋하기를 행했다는 사실을 깨닫지 못한다. 그것을 받아들인 사람조차 그것이 인사에 매우 중요한 측면이며 당시 발언된 말에 대한 그 사람의 해석을 바꾼다는 사실에도 불구하고, 그 눈썹 찡긋하기를 봤다는 것을 깨닫지 못할 수도 있다. Irenäus Eibl-Eibesfeldt가 입증한 바와 같이, 눈썹을 찡긋하지 않고 한 인사는 발언한 말이 심지어 동일한 때에도 덜 다정한 것으로 해석된다. 일부 문화권의 사람들은 눈썹 찡긋하기를 하지 않으며, 이것은 문화 간 의사소통에 있어 의도치 않은 어려움을 불러일으킬 수 있다. 사람들 사이에 비언어적 의사소통이라고 일컫는 것에는 다른 많은 사례가 있으며, 그것의 대부분은 무심결에 신호로 보내지고 또 받게 된다.

해설　(A) 문장의 주어 someone은 give의 대상이 아니라 행위자이므로 현재분사 형태인 giving이 적절하다.
(B) 뒤따르는 어구가 the fact that ~이라는 명사구이므로 양보를 나타내는 전치사 despite가 적절하다.
(C) many other examples of what is called nonverbal communication을 선행사로 취하여 부연 설명을 해야 하고, 한정사 역할을 하는 most of와 결합하여 절의 주어 역할도 해야 하므로 관계사 which가 적절하다.

03　③

해설　사회적으로 불안해하는 사람들은 보통 다른 사람들에게 친근감을 느끼고 다른 사람들이 가치를 인정하는 적당한 양의 긍정적인 특징 들을 분명히 가지고 있다. 그들은 유머 감각을 갖고 있을 수도 있고, 활동적이고 관대하며, 친절하고, 사리 분별이 있고, 진지하고, 재미있고, 조용하거나 활기찰 수도 있어서, 마음이 편안할 때 이런 식으로 자연스럽게 행동한다. 그러나 사람들이 있는 데서 마음을 편안하게 하는 것은 그들에게 매우 힘들고, 그들을 매우 불안하게 해서 이러한 자질들은 흔히 보이지 않게 숨겨진다. 불안은 그것들(긍정적인 특징들)을 표현하는 것을 방해하고, 그것들을 보여주는 능력은 사용하지 않았기 때문에 무디어졌을지도 모른다. 실제로 사회적으로 불안해하는 사람들은 자신들의 자신감과 함께 호감이 가는 자질에 대한 믿음을 완전히 잃었을지도 모른다. 사회적 불안을 극복하는 것을 배우는 것에서 오는 보상 중 하나는 그것이 여러분에게 이전에 억눌려 졌을지도 모르는 자신의 모습들을 표현할 수 있게 하며, 여러분에게 자연스럽게 행동하는 것을 두려워하기보다는 오히려 즐기게 해준다는 것이다.

04　③

해설　어떤 이유인지, 음향 기술은 그것의 가장 진보된 개척자들 사이에 이상한 종류의 귀먹음을 초래하는 것 같다. 어떤 새로운 도구는 새로운 방식으로 소리를 공유하거나 전달하기 위해 나타나고, 그것의 발명가는 반복적으로 그 도구가 결국 어떻게 사용될지 상상하는 데 어려움을 겪는다. Thomas Edison이 Édouard-Léon Scott de Martinville의 원래 계획을 완성하고 1877년에 축음기를 발명했을 때, 그는 그것이 우편 시스템을 통해 음성 편지를 보내는 수단으로 자주 사용될 것이라고 상상했다. 사람들이 축음기의 밀랍 두루마리에 자신들의 편지를 녹음한 다음, 그것들을 우편 속에 탁 넣어 며칠 후에 다시 재생되도록 할 것이었다. 전화기를 발명

할 때 Bell은 사실상 정확히 반대의 판단 착오인 것을 범했는데, 그는 전화기의 주요 용도 중 하나를 라이브 음악을 공유하는 수단이 될 것으로 예상했다. 오케스트라나 가수가 전화선의 한쪽 끝에 앉고, 청취자는 반대편에 편하게 앉아서 전화기 스피커를 통해 그 소리를 즐기는 것이었다. 그러니까, 이 두 전설적인 발명가들은 그것을 정확히 뒤바꾸게 했는데, 사람들은 결국 음악을 듣기 위해 축음기를 사용하고 친구들과 통신하기 위해 전화를 사용하게 되었다

05　④

해석　우리 아이들을 미래의 성공을 위해 지도하는 중에, 우리가 현재에 대해서 잊으면 안 된다는 것을 명심하라. 여러분이 오늘 하고 있는 일이 어떻게 해서 앞으로 어느 때만이 아닌 오늘 도움이 되는지를 이해하는 것은 개인적인 동기 부여의 필수적인 부분이다. 때때로 큰 그림[전체적인 상황]을 보는 것만으로는 충분하지 않은데, 사실, 그 큰 그림은 때로는 감당하기 어려운 것일 수 있다. 예를 들어, 이 책을 위한 원고를 쓸 때, 나는 오로지 그 큰 그림만 볼 수 있었기 때문에 여러 날의 아침을 (해야 할 일을) 뒤로 미루면서 보냈다. 그 큰 그림이 내겐 버거웠다[감당하기 어려웠다]! 목표를 관리할 수 있는 조각들로 쪼개는 능력은 동기 부여에 중요하다. 만약 내가 매일 '어느 정도의' 일을 하기만 한다면 나는 결국 거대한 프로젝트를 끝낸다는 내 목표에 도달할 것이라는 것을 내가 이해했을 때, 나는 매일 조금씩 할 의욕이 생겼다. 내가 매일 글을 쓰는 것이 어떻게 미래의 어느 시점에서만이 아니라 오늘 내게 도움이 되는지를 이해했을 때 나는 쓰기라는 여정을 즐기기 시작했다. 그러한 면에서, 큰 그림을 동기 부여로 사용하는 데 주의하라.

06　①

해석　모두가 경기를 보러 가는 것은 아니다. 어떤 사람들에게, 대회는 단지 다른 동기의 표출을 위한 장소와 기회를 제공한다. 군중 자체가 제공하는 사회적 접촉이 사람들이 참석하는 이유를 보여 준다. 바로 이 점이 1908년에 출판된 책에서 William McDougall에 의해 상세하게 설명되었는데, 그 책에서 그는 인간에게 있는 남과 어울리기 좋아하는 본능의 존재에 대한 자신의 주장을 전개하였다. 세기의 전환기에 그가 제기했던 의문은 우리가 사회적인 동물이라는 견해를 분명 설득력 있게 지지한다. (그러나 관찰된 행동을 '본능'이라고 추가적으로 부르는 것은 우리의 이해에 아무런 도움이 되지 않는 유의어 반복을 만들어 낸다.) McDougall은 자신의 독자들에게 "만약 개개인이 나머지 군중으로부터 고립되어 단지 선수들만 본다면, 축구 시합의 1만 명의 관중들 중에 얼마나 되는 비율이 한 시간이나 그 이상을 비바람 속에서 서 있겠는가?"라고 묻는다. 1908년에는 극소수였을 것이고 오늘날에는 더 적을 것이다.

07　④

해석　원시적 형태의 의사소통에 관한 분석이 발전해 왔듯이, 그것의 보편적 어휘에 관한 풍부한 관찰도 발전해 왔다. 일련의 신호는 우선 권세를 성취하는 방법뿐만 아니라 집단 내에서 권세를 보여 주는 자세도 포함하고 있다. 그것은 사회생활을 하는 '구세계' 원숭이와 유인원의 그것과 비슷하다고 밝혀지고 있다. 스탠퍼드 대학교의 사회 심리학자인 Deborah H. Gruenfeld는 사람들이 집단 구성원들이 있는 데서 다음과 같은 특성을 보여 줄 때 자신이 더 강하다고 느끼며, 흔히 실제로도 그렇다는 것을 알아냈다. 넓은 공간을 차지하며 행동하고, 두 손을 몸에서 떨어뜨리고, 말하면서 눈 맞추기를 하지만 편할 때에 자유롭게 눈길을 돌려라. 자신을 조금이라도 세세하게 설명하지 마라. 이사회 회의실이든 칸막이 사무실이든, "이것은 내 테이블이야. 이것은 내 방이야. 여러분은 내 청중이야."라고 자신에게 말하고 주변 사람들에게 은연중 풍기도록, 자기 주변 공간에 대한 소유권을 확보하라.

08　②

해석　여러분의 준거 집단에서 개인의 성과는 여러분의 자존감에 영향을 미칠 수 있다. (B) 예를 들어, 만약 과학을 잘하는 것이 여러분에게 중요하다면, 여러분의 준거 집단에 속한 누군가가 항상 과학 시험에서 여러분보다 훨씬 더 높은 점수를 받는다는 것을 아는 것이 여러분의 자존감을 떨어뜨릴 수 있다. 자존감을 지키고 자신의 기분을 좋게 하기 위해, 사람들은 때때로 자신보다 못한 사람들과 자신을 비교하기도 하는데, 이것은 '하향 사회 비교'라고 불리는 전략이다. (A) 때로는 그들은 '상향 사회 비교'를 할 수도 있는데, 이 경우 그들은 자신들보다 훨씬 더 잘하고 있는 사람들과 자신을 비교한다. 얼핏 보면, 이것은 합리적이지 않아 보일 수도 있고, 어떤 사람들에게는 실망스러울 수도 있지만, 상향 사회비교는 또한 우리 자신의 성과를 향상시키는 것에 대한 낙관을 불러일으킬 수도 있다. (C) 우리는 스스로에게 "그들이 할 수 있다면, 나도 할 수 있어"라고 말할지도 모른다. 혹은 우리는 스스로에게 우수한 성취자가 실제로는 우리의 준거 집단에 있을 만큼 충분히 (우리와) 비슷하지 않다거나 심지어 문제가 되고

있는 그 능력이 우리에게는 그다지 중요하지 않다고 말할지도 모른다.

09 ③

해석 놀이는 중요한 생존 과정을 다루고 있지 않기 때문에, 즉 쓸모가 없다는 이유로 흔히 아이들용이라고 평가절하되곤 한다. 그러나 이것은 심각한 오해이다. 놀이는 쓸모가 없다는 바로 그'이유 때문에' 중요한데, 그것이 우리로 하여금 필요나 편리함 때문이 아니라 자유롭게 우리의 존재를 표현하기 위해 행동하도록 해주기 때문이다. 그러나, 놀이가 직업이 되어 이에 수반하는 모든 외적 보상과 책임을 지니게 되면 다시 문제가 시작된다. 잘 나가는 관현악단에서 연주하는 음악가나 최고의 팀과 수백만 달러의 계약을 맺고 운동하는 선수들은 더 이상 자신의 존재를 표현하기 위해(그것을) 하고 있다고 느끼지 않는다. 그 대신, 그들은 자신들의 기량이 다른 사람들에 의해 그들의 목적을 위해서 사용되고 있다고 느끼기 시작한다. 그런 일이 일어나면, 의식의 자유로운 흐름을 허용하는 대신, 놀이조차도 쇠우리의 일부가 되어 버린다.

10 ③

해석 산업 혁명의 도래로 공공 광장, 그리고 실제로 전체적인 공적 영역에서의 활동의 사회적 집중이 감소했다. 최근의 휴대전화 혁명에서 전화와 인터넷의 결합을 포함하는 기술 혁명이 부분적인 원인이다. 자동차는 거의 혼자 이동하는 것을 가능하게 하였고 따라서 기차와 버스, 다른 형태의 대중교통에서 다른 사람들과의 접촉으로부터 물러서는 것을 가능하게 하였다. 가정집은 식료품 쇼핑 빈도를 제한하는 냉장고와 냉동고 같은 가전 장비와 함께 전에 비해 더 커졌다. (마을 광장은 군사 훈련과 정치적 모임뿐만 아니라 종교적 목적과 시민의 목적 모두를 위한 축제의 장소로 역할을 해왔다.) 인터넷 쇼핑은 공적인 모임의 전통적인 원천이었던 서점이 줄어드는 것의 큰 원인이었다. 요컨대 공적 영역과 그것의 모임 장소에 대한 시간의 투자는 시민 사회에 큰 부정적 영향을 주면서 상당히 감소하였다.

: MEMO :

출제 트렌드 변화 후 시험을 가장 완벽하게 분석한 교재

CHAPTER 01 • 어휘 TEST
CHAPTER 02 • REAL 하프 모의고사 5회
CHAPTER 03 • 구문연습
CHAPTER 04 • 영작연습

이얼영어 www.modoogong.com

WEEK 10

공무원영어
월간문제집

가 장 완 벽 한 공 무 원 영 어 의 시 작

CHAPTER 01 어휘 TEST

10주차 | 출제 트렌드 변화 후 시험을 가장 완벽하게 분석한 교재

다음 문장에 적절한 어휘를 고르세요.

1. Artistic swimming is better known as synchronized swimming or water ballet. It combines swimming, dance and gymnastics as participants perform _____ moves in the water with music.
   ① elaborate   ② render   ③ endeavour
   ④ inherent   ⑤ sustain

2. These periods may be exceeded in cases which _____ further inquiries or which raise other immigration issues.
   ① constitute   ② execute   ③ necessitate
   ④ eminent   ⑤ emit

3. Scarecrow could work for a while but they must be moved daily, otherwise sparrows will _____ to them as long as they no longer perceive them as a threat.
   ① pasture   ② scared   ③ wonder
   ④ return   ⑤ habituate

4. Police forces have been using brutal force, tear gas and water canons to break up the crowds and _____ further protesting.
   ① prevail   ② deter   ③ provision
   ④ facilitate ⑤ flourish

5. Seoullo 7017, an old overpass transformed into an elevated park, just got a _____ makeover. As the flowers and trees lose their leaves for winter, the pockets of small gardens on the overpass are now wrapped up in strings of lights.
   ① dazzling   ② sneaky   ③ mortgage
   ④ collateral ⑤ delinquent

6. It is a _____ extracted from yew that is leading the fight against breast, ovarian and lung cancer.
   ① property   ② asset   ③ authority
   ④ dispute   ⑤ compound

7 Through this June Joint Declaration, the two leaders called for _____ understanding of both parties' aspirations toward reunification.
① deliberate ② allegation ③ undermine
④ mutual ⑤ integrity

8 Critics of the WTO, however, believe in the opposite, that free trade will make it easier for economically stronger countries to overpower and _____ weaker ones.
① evoke ② emerge ③ exploit
④ convince ⑤ convert

9 A powerful link between persuasive Venus and telepathic Neptune could _____ the line between romance and friendship.
① blaze ② blur ③ blast
④ gust ⑤ peer

10 That would harness market forces and ensure that we _____ the most cost-effective way of introducing renewable energy.
① contain ② conclude ③ observe
④ employ ⑤ acquire

다음 어휘에 맞는 뜻을 고르세요.

11 residue
① 영원 ② 잔여물 ③ 거주민
④ 서식지 ⑤ 집중

12 sedentary
① 정착하고 있는 ② 신뢰할만한 ③ 외부와 차단된
④ 풍부한 ⑤ 합숙하는

13 outlaw
① 규칙을 어기다 ② 수행하다 ③ 법을 제정하다
④ 실망시키다 ⑤ 불법화하다

14 unearth
① 지하의 ② 묻다 ③ 밝혀내다
④ 정지한 ⑤ 귀중한

15 scant
① 부족한 ② 소지품 ③ 필수적인
④ 우아한 ⑤ 감성적인

16 elevation
① 정지 ② 지지 ③ 차이
④ 고도 ⑤ 움직임

17 confederate
① 공범 ② 음모 ③ 실질적인
④ 집행하다 ⑤ 의사소통의

18 ramification
① 희생양 ② 파문 ③ 칭찬
④ 부산물 ⑤ 치료

19 submerge
① 탐사하다 ② 숙고하다 ③ 드러내다
④ 불화를 해결하다 ⑤ 물속에 잠기다

20 consolidate
① 위로하다 ② 중앙집중적인 ③ 화창한
④ 통합하다 ⑤ 의견을 내다

정답 및 해설

CHAPTER 01 어휘 TEST

빠른 정답 찾기

| 1 ① | 2 ③ | 3 ⑤ | 4 ② | 5 ① | 6 ⑤ | 7 ④ | 8 ③ | 9 ② | 10 ④ |
| 11 ② | 12 ① | 13 ⑤ | 14 ③ | 15 ① | 16 ④ | 17 ① | 18 ② | 19 ⑤ | 20 ④ |

01 ①
- elaborate 정교한
- render ~이 되게 하다
- endeavour ~하려고 노력하다
- inherent 본래부터 가지고 있는
- sustain 떠받치다

02 ③
- constitute 구성하다
- necessitate 필요로 하다
- emit 방출하다
- execute 실행하다
- eminent 유명한

03 ⑤
- pasture 목장
- wonder 경이
- habituate 익숙하게 만들다
- scared 무서워하는
- return 되돌아가다

04 ②
- prevail 우세하다
- provision 준비
- flourish 번영하다
- deter 저지하다
- facilitate 용이하게 하다

05 ①
- dazzling 놀라운
- mortgage 담보
- delinquent 직무태만의
- sneaky 비열한
- collateral 부수적인

06 ⑤
- property 재산
- authority 권위
- compound 혼합물
- asset 자산
- dispute 논쟁

07 ④
- deliberate 신중한
- undermine 밑을 파다
- integrity 정직, 무결
- allegation 주장
- mutual 상호의

08 ③
- evoke 불러일으키다
- exploit 착취하다
- convert 전환하다
- emerge 나타나다
- convince 납득시키다

09 ②
- blaze 불길
- blast 폭발
- peer 동료
- blur 모호하게 하다
- gust 돌풍

10 ④
- contain 포함하다
- observe 주목하다
- acquire 획득하다
- conclude 결론짓다
- employ 이용하다

REAL 하프 모의고사 5회

01 다음 글의 주제로 가장 적절한 것은?

In the broad sweep of human social life, writing is a fairly recent invention: people must have been singing songs and telling tales for many thousands of years before anyone ever devised a means to record their words. We are used today to thinking of literature as something an author writes, but the earliest written works were usually versions of songs or stories that had been orally composed and transmitted. Oral compositions often work differently than purely literary works. Even after poets began to compose with stylus or pen in hand, they often adapted old oral techniques to new uses, and important elements of their work can best be understood as holdovers or creative transformations of oral techniques. Epic poems show particularly elaborate uses of oral devices, many of which were developed to aid poets in rapidly composing lines of an ongoing story, and to help illiterate performers remember a long narrative.

*stylus 철필(등사판으로 박을 글씨를 원지에 쓰는 필기도구)
**holdover 잔존물

① changes in people's preferences for literary works
② differences between written literature and oral literature
③ widespread use of oral composition in early literature
④ reasons why the practice of oral composition disappeared
⑤ impacts of the invention of writing on the development of literature

02 다음 글에서 필자가 주장하는 바로 가장 적절한 것은?

　　Directness and honesty are qualities that our society values highly. We expect people to be who they say they are and tell us the truth about themselves. Before the advent of computers, anyone who used an assumed name was thought to be hiding something disreputable. Inexperienced computer users may continue to feel this way about online contacts. Because so many of the cues that we use to evaluate people are missing in cyberspace, computer users need to understand that virtual meeting places are different from face-toface contacts. Until we have good reason to know and trust the people behind the instant message pop-up or the chat room screen, we should remain anonymous and it is not dishonest to do so.

① 온라인상의 개인 정보 보호 관련 교육을 강화해야 한다.
② 온라인 게시글을 읽을 때 출처의 신뢰도를 항상 확인해야 한다.
③ 온라인 활동을 통해 나눔과 배려를 실천하기 위해 노력해야 한다.
④ 온라인상에서도 실제 대면 대화만큼 상대에게 예의를 갖춰야 한다.
⑤ 온라인상에서는 상대에게 신뢰가 생길 때까지 익명을 유지해야 한다.

03 밑줄 친 last in, first out이 다음 글에서 의미하는 바로 가장 적절한 것은?

While user habits are a boon to companies fortunate enough to generate them, their existence inherently makes success less likely for new innovations and startups trying to disrupt the status quo. The fact is, successfully changing longterm user habits is exceptionally rare. Altering behavior requires not only an understanding of how to persuade people to act but also necessitates getting them to repeat behaviors for long periods, ideally for the rest of their lives. Companies that succeed in building a habitforming business are often associated with gamechanging, wildly successful innovation. But like any discipline, habit design has rules that define and explain why some products change lives while others do not. For one, new behaviors have a short halflife, as our minds tend to return to our old ways of thinking and doing. Experiments show that lab animals habituated to new behaviors tend to regress to their first learned behaviors over time. To borrow a term from accounting, behaviors are LIFO – "last in, first out."

*boon: 요긴한 것
**regress: 되돌아가다

① The behavior witnessed first is forgotten first.
② Almost any behavior tends to change over time.
③ After an old habit breaks, a new one is formed.
④ The habit formed last is the hardest to get rid of.
⑤ The habit most recently acquired disappears soonest.

04 다음 빈칸에 들어갈 말로 가장 적절한 것은?

Both NASA and the U.S. Air Force commonly use flight simulations to train astronauts and pilots to cope with flight and equipment problems that might cause them to lose focus. Successful coaches also use simulations to prepare athletes for potential distractors by creating gamelike situations in practice. They may simulate pressure situations, crowd noise, weather conditions, and the time of day or night of the actual event. For example, it is not uncommon in American football for teams to run their offense with a tape of loud crowd noise or the opposing team's fight song blaring from the public address system. A professional golfer who is distracted by the sounds of a camera click may have a person take pictures while he practices putting. An athlete who loses focus if an official makes an apparently bad call could have bad calls made against her during training sessions so she can practice her refocusing strategies. The point is to _____.

*blare: (소리를) 요란하게 울리다

① eliminate sources of distraction
② heal your body through relaxation
③ make anticipated distractions familiar
④ familiarize athletes with new equipment
⑤ reflect on athletes' failures and mistakes

05 다음 빈칸에 들어갈 말로 가장 적절한 것은?

Plants are genius chemists. They rely on their ability to manufacture chemical compounds for every single aspect of their survival. A plant with juicy leaves can't run away to avoid being eaten. It relies on its own chemical defenses to kill microbes, deter pests, or poison wouldbe predators. Plants also need to reproduce. They can't impress a potential mate with a fancy dance, a victory in horntohorn combat, or a wellconstructed nest like animals do. Since plants need to attract pollinators to accomplish reproduction, they've evolved intoxicating scents, sweet nectar, and pheromones that send signals that bees and butterflies can't resist. When you consider that plants solve almost all of their problems by making chemicals, and that there are nearly 400,000 species of plants on Earth, it's no wonder that the plant kingdom is _____.

① a factory that continuously generates clean air
② a source for a dazzling array of useful substances
③ a silent battlefield in which plants fight for sunshine
④ a significant habitat for microorganisms at a global scale
⑤ a document that describes the primitive state of the earth

06 주어진 글 다음에 이어질 글의 순서로 가장 적절한 것은?

An obvious desirable characteristic for the development of a business is a fast growth in demand. If a population is growing or becoming richer, it will provide an incentive for entrepreneurs to invest in new plants and innovative products.

(A) An example of this can be seen in the development of businesses making air conditioning equipment. The first successful enterprises were in the eastern United States in the early 1900s, and, yes, the prosperity of Americans was a key factor as they could afford the luxury of air conditioning.

(B) But equally important was the desire of people to escape the heat and humidity. The environment determines what people value and what products they buy.

(C) However, it is not just the wealth of local consumers that is important. Other characteristics of demand play a role. The problems that customers face can open business opportunities.

*entrepreneur: 기업인

① (A) – (C) – (B)
② (B) – (A) – (C)
③ (B) – (C) – (A)
④ (C) – (A) – (B)
⑤ (C) – (B) – (A)

07 글의 흐름으로 보아, 주어진 문장이 들어가기에 가장 적절한 곳은?

The problem with this solution is that the benefits of using these sites are also lost.

There are a number of ways in which technology can be used to protect social network users from disclosure or privacy threats or violations. (①) More drastic technical solutions involve disabling or banning social media/social networking. (②) For example, some schools and workplaces place explicit restrictions or in some cases a complete ban on social networking sites and they are disabled at the IT level so that students or employees cannot access these sites. (③) Additionally, while this may prevent use of these sites during school or work hours, it has no impact on what is done after hours. (④) The context collapse that occurs in an online environment blurs the line between people's professional and personal lives such that online information exchanges that occur outside of school or work hours impact people's lives at school or work. (⑤) Therefore, employing these strategies is not necessarily effective in minimizing the potential risks overall.

*drastic 철저한, 격렬한

08 다음 글에서 전체 흐름과 관계 없는 문장은?

While we believe we hold the power to raise our children, the reality is that our children hold the power to raise us into the parents they need us to become. ① For this reason, the parenting experience isn't one of parent versus child but of parent with child. ② The road to wholeness sits in our children's lap, and all we need do is take a seat. ③ As our children show us our way back to our own essence, they become our greatest awakeners. ④ This means that how much we pay attention to awakening our children's minds can make a difference in their lives. ⑤ If we fail to hold their hand and follow their lead as they guide us through the gateway of increased consciousness, we lose the chance to walk toward our own enlightenment.

09 다음 글의 밑줄 친 부분 중, 문맥상 낱말의 쓰임이 적절하지 않은 것은?

　　In some cases development may be necessary for the conservation and/or preservation of natural resources. Establishing a conservation easement in a rural area, for example, typically requires ① financial resources. Conservation programs can be very costly and many of these costs may be forced on local communities. Thus, it may be more ② difficult for a very poor area to conserve its natural amenities. There is a large body of literature suggesting that the poor are likely to ③ exploit their natural environment if there are no other opportunities to improve their livelihoods. Thus, many conservation programs today ④ dismiss the need to provide economic opportunities for rural residents in order to build a successful conservation program. In this instance, there is a mutual relationship between the environment and ⑤ jobs.

*conservation easement: 보전 지역권

10 다음 글의 밑줄 친 부분 중, 어법상 틀린 것은?

　　Most historians of science point to the need for a reliable calendar to regulate agricultural activity as the motivation for learning about what we now call astronomy, the study of stars and planets. Early astronomy provided information about when to plant crops and gave humans ① their first formal method of recording the passage of time. Stonehenge, the 4,000-year-old ring of stones in southern Britain, ② is perhaps the best-known monument to the discovery of regularity and predictability in the world we inhabit. The great markers of Stonehenge point to the spots on the horizon ③ where the sun rises at the solstices and equinoxes–the dates we still use to mark the beginnings of the seasons. The stones may even have ④ been used to predict eclipses. The existence of Stonehenge, built by people without writing, bears silent testimony both to the regularity of nature and to the ability of the human mind to see behind immediate appearances and ⑤ discovers deeper meanings in events.

*monument: 기념비
**eclipse: (해·달의) 식(蝕)
***testimony: 증언

정답 및 해설

CHAPTER 02
REAL 하프 모의고사 5회

빠른 정답 찾기									
1 ③	2 ⑤	3 ⑤	4 ③	5 ②	6 ④	7 ③	8 ④	9 ④	10 ⑤

01   ③

해석 인간 사회생활의 폭넓은 범위에서, 글은 꽤 최근의 발명품이다. 즉, 사람들은 누군가가 그들의 말을 기록하는 수단을 고안하기 전까지 수천 년간 노래를 부르고 이야기를 말해 왔음이 틀림없다. 오늘날 우리는 문학을 작가가 '쓰는' 어떤 것으로 여기는 데 익숙하지만, 가장 초기에 쓰인 작품들은 보통 구술로 구성되어 전해진 노래나 이야기의 형태였다. 구술 작품은 종종 순수 문학 작품과 다르게 작동한다. 심지어 시인들이 손에 철필 또는 펜을 들고 시를 쓰기 시작한 이후에도, 그들은 자주 오랜 구술 기법을 새로운 용도에 맞추었고, 그들 작품의 중요한 요소는 구술 기법의 잔존물로서나 창의적 변형의 형태로서 가장 잘 이해될 수 있다. 서사시는 특히 구술 기법의 정교한 사용을 보여 주는데, 그중 많은 것들은 시인이 진행되는 이야기의 시구를 빠르게 쓰는 것을 돕기 위해, 그리고 글을 모르는 공연자가 긴 이야기를 기억하는 것을 돕기 위해 개발되었다.

02   ⑤

해석 솔직함과 정직은 우리 사회가 높이 평가하는 자질이다. 우리는 사람들이 자신이 누구라고 말하는 그대로이기를, 그리고 우리에게 그들 자신에 대해 진실을 말해 주기를 기대한다. 컴퓨터의 출현 이전에는, 가명을 사용하는 사람은 누구나 불명예스러운 무언가를 숨기고 있는 것으로 생각되었다. 경험이 부족한 컴퓨터 사용자들은 온라인 관계에 대해서도 계속해서 이렇게 느낄 수도 있다. 우리가 사람들을 평가하기 위해 사용하는 단서들 중 많은 것들이 사이버 공간에서는 없기 때문에, 컴퓨터 사용자들은 가상의 만남 장소가 대면 관계와 다르다는 것을 이해할 필요가 있다. 우리가 인스턴트 메시지 팝업이나 채팅방 화면 뒤에 있는 사람들을 알고 믿을 만한 충분한 이유가 있을 때까지는, 우리는 익명으로 남아야 하고 그렇게 하는 것이 정직하지 않은 것이 아니다.

03   ⑤

해석 사용자 습관은 그것들을 만들어 낼 만큼 운 좋은 기업에게는 요긴한 것인 반면에, 그것들의 존재는 본질적으로 현재 상태를 무너뜨리려는 새로운 혁신과 신생 기업이 성공할 가능성을 더 적게 만든다. 사실, 장기적인 사용자 습관을 성공적으로 바꾸는 것은 대단히 드문 일이다. 행동을 변화시키는 것은 사람들이 행동하도록 설득하는 방법에 대한 이해뿐만 아니라, 그들이 오랫동안, 이상적으로는 남은 인생 동안, 행동 방식을 반복하도록 만드는 것 역시 필요로 한다. 습관 형성 사업을 성공적으로 이룬 기업은 판도를 바꾸는, 크게 성공한 혁신과 자주 관련된다. 하지만 여느 분야와 마찬가지로, 습관 설계에도 어떤 제품들은 삶을 바꾸는 반면 다른 것들은 그렇지 않은 이유를 규명하고 설명하는 규칙이 있다. 한 예로 우리의 마음은 우리의 예전 사고방식과 행동 방식으로 되돌아가는 경향이 있기 때문에, 새로운 행동 방식은 짧은 반감기를 가진다. 새로운 행동 방식에 익숙해진 실험동물들이 시간이 지남에 따라 처음 학습된 행동 방식으로 되돌아가는 경향이 있다는 것을 여러 실험이 보여준다. 회계 용어를 빌리자면, 행동 방식은 LIFO이다. 즉, '마지막으로 들어온 것이, 제일 먼저 나간다.'

04   ③

해석 NASA와 미 공군 모두 집중력을 잃게 만들 수도 있는 비행과 장비 문제에 대처하도록 우주 비행사와 조종사를 훈련시키기 위해서 흔히 모의 훈련 비행을 사용한다. 성공적인 코치 또한 실제로 게임과 비슷한 상황을 만들어서 운동선수들이 잠재적으로 주의를 흐트러뜨리게 하는 것에 대비할 수 있도록 모의 훈련을 사용한다. 그들은 압박 상황, 군중이 내는 소음, 기상 상태, 그리고 실제 경기가 있는 낮 시간이나 밤 시간을 모의 훈련을 할 수도 있다. 예를 들어, 떠들썩한 군중의 소음이나 상대 팀의 응원가가 실린 녹음테이프가 장내 방송 설비에서 요란하게 울리는 가운데 팀이 자기네 공격진을 뛰게 하는 것은 미식축구에서 드물지 않다. 카메라 누르는 소리에 주의가 산만해지는 프로 골프 선수는 퍼팅을 연습할 때 어떤 사람이 사진을 찍게 할 수도 있다. 심판이 오심인 듯한 판정을 내릴 때 집중력을 잃는 운동선수는 집중력을 다시 회복하는 전략을 연습할 수 있도록 훈련 시간 동안 자신에게 불리한 오심이 내려지게 할 수도 있다. 요점은 주의를 흐트러뜨릴 것으로 예상되는 것을 친숙하게 만드는 것이다.

05 ②

해석 식물은 천재적인 화학자다. 그것들은 생존의 모든 측면 하나하나를 화학적 혼합물을 제조하는 능력에 의존한다. 즙이 많은 잎을 가진 식물이 먹히는 것을 피하려고 달아날 수는 없다. 그것은 자체의 화학적 방어 수단에 의존해 세균을 죽이거나, 해충을 저지하거나, 잠재적 포식자를 독살한다. 식물은 또한 번식도 해야 한다. 식물은 동물이 하듯이 화려한 춤이나 뿔 대 뿔 결투에서의 승리, 혹은 잘 지어진 둥지로 잠재적인 짝을 감동시킬 수 없다. 번식을 완수하기 위해서는 꽃가루 매개자를 끌어들여야 하기 때문에, 식물은 취하게 하는 향기, 달콤한 화밀, 그리고 벌과 나비가 저항할 수 없는 신호를 보내는 페로몬을 진화시켜 왔다. 식물이 거의 모든 문제를 화학 물질을 만들어 해결한다는 것과 지구상에 거의 40만 종의 식물이 있다는 것을 고려해 볼 때, 식물 왕국은 놀랍도록 많은 유용한 물질의 공급원이라는 것이 전혀 놀랍지 않다.

06 ④

해석 사업체의 발전을 위한 분명하고도 바람직한 특징은 수요의 빠른 증가이다. 만약 인구가 증가하고 있거나 사람들이 더 부유해지고 있다면, 그것은 기업인에게 새로운 공장과 혁신적인 제품에 투자할 동기를 제공할 것이다. (C) 그러나 중요한 것은 단지 지역 소비자들의 부유함만이 아니다. 수요의 다른 특징들도 역할을 한다. 고객들이 직면한 문제들은 사업의 기회를 열어 줄 수 있다. (A) 이것의 한 예는 냉방 장치를 만드는 사업체의 발전에서 찾아볼 수 있다. 최초로 성공한 기업들은 1900년대 초반 미국 동부에 있었으며, 물론 미국인의 번영이 중요한 요인이었는데 그 이유는 그들이 냉방이라는 사치에 돈을 쓸 여유가 있었기 때문이었다. (B) 하지만 똑같이 중요한 것은 더위와 습기를 피하고자 하는 사람들의 열망이었다. 환경은 사람들이 무엇을 중시하는지 그리고 그들이 어떤 제품을 구입하는지를 결정한다.

07 ③

해석 소셜 네트워크 사용자들을 폭로나 사생활 위협 또는 침해로부터 보호하기 위해 기술이 사용될 수 있는 방법은 여러 가지가 있다. 더 철저한 기술적 해결책에는 소셜 미디어/소셜 네트워크를 작동하지 않게 하거나 사용을 금지하는 것이 포함된다. 예를 들어, 일부 학교와 직장은 소셜 네트워킹 사이트에 대한 명백한 제한을 두거나, 어떤 경우에는 완전한 금지를 시행하고, 학생 및 직원들이 이러한 사이트에 접근하지 못하도록 소셜 네트워크를 정보 통신 기술 차원에서 사용할 수 없게 만든다. 이 해결책의 문제는 이런 사이트를 이용하는 이점 역시 사라진다는 것이다. 게다가, 이렇게 하면 학교에 있는 동안이나 근무 시간 동안에는 이러한 사이트의 사용을 막을 수는 있지만, 수업[근무] 시간 후에 행해지는 일들에는 아무런 영향을 미치지 못한다. 온라인 환경에서 발생하는 맥락의 붕괴는 학교 시간이나 근무 시간 외에 발생한 온라인상의 정보 교환이 사람들의 학교생활이나 직장 생활에 영향을 줄 정도로 사람들의 직장 생활과 사생활 간 경계를 모호하게 한다. 그러므로 이러한 전략을 이용하는 것이 잠재적 위험을 전반적으로 최소화하는 데 반드시 효과적인 것은 아니다.

08 ④

해석 우리는 우리가 아이들을 기르는 능력을 가지고 있다고 믿지만, 현실은 우리의 아이들이 우리가 되기를 바라는 부모 '우리'를 기르는 능력을 가지고 있다. 이러한 이유로, 양육 경험은 부모 '대' 아이가 아니라 아이'와 함께하는' 부모의 경험이다. 완전함으로 가는 길은 우리 아이들의 무릎에 놓여 있으며[우리 아이들에게 달려 있으며], 우리가 해야 할 일은 자리에 앉아있는 것뿐이다. 우리 아이들이 우리 자신의 본질로 되돌아가는 길을 보여주기에, 그들은 우리를 가장 잘 일깨우는 사람이 된다. (이것은 우리가 우리 아이들의 정신을 일깨우는 데 관심을 얼마만큼 쏟느냐가 그들의 인생에 차이를 만들 수 있다는 것을 의미한다.) 만일 그들이 증진된 자각의 입구로 우리를 안내할 때, 우리가 그들의 손을 잡고 그들의 안내를 따라가지 못하면, 우리는 우리 자신의 깨달음으로 향해 가는 기회를 잃게 된다.

09 ④

해석 몇몇 경우에 개발이 자연 자원의 보전 그리고/혹은 보존에 불가피할 수 있다. 예를 들어, 시골 지역에 보전 지역권을 설정하는 것은 보통 재원을 필요로 한다. 자연 보전 프로그램은 엄청난 비용이 들 수 있고 이 비용의 많은 부분을 지역 사회가 떠안아야 할 수도 있다. 따라서, 매우 가난한 지역은 자연의 쾌적한 환경을 보전하기가 더 어려울 수 있다. 살림살이를 개선할 다른 기회가 없으면, 가난한 사람들은 자연환경을 부당하게 이용할 가능성이 높다는 것을 보여 주는 방대한 문헌이 있다. 그러므로, 오늘날 많은 자연 보전 프로그램은 성공적인 자연 보전 프로그램을 만들기 위해 시골 거주자를 위한 경제적 기회를 제공할 필요성을 묵살한다(→ 이해한다). 이 경우, 환경과 일자리 사이에 상호 관계가 있다.

10 ⑤

해석 대부분의 과학 역사가들은 별과 행성에 대한 연구, 즉 우리가 현재 천문학이라 부르는 것에 대해 배우고자 하는 동기로 농업 활동을 규제하기 위한 신뢰할 만한 달력의 필요성을 지적한다. 초기 천문학은 언제 작물을 심어야 하는지에 대한 정보를 제공했고 인간에게 시간의 흐름을 기록하는 그들 최초의 공식적인 방법을 제공했다. 영국 남부에 있는 4,000년 된 고리 모양을 하고 있는 돌들인 스톤헨지는 아마도 우리가 살고 있는 세계에서 규칙성과 예측 가능성을 발견한 가장 잘 알려진 기념비일 것이다. 스톤헨지의 커다란 표식은 우리가 계절의 시작을 표시하기 위해 여전히 사용하는 날짜인 지점(至點)과 분점(分點)에서 태양이 뜨는 지평선의 장소를 가리킨다. 그 돌들은 심지어 (해·달의) 식(蝕)을 예측하는 데 사용되었을지도 모른다. 글이 없던 시절 사람들이 세운 스톤헨지의 존재는 자연의 규칙성뿐만 아니라 눈앞에 보이는 모습의 이면을 보고 사건에서 더 깊은 의미를 발견할 수 있는 인간의 정신적 능력을 말없이 증언해 준다.

10주차 | 출제 트렌드 변화 후 시험을 가장 완벽하게 분석한 교재

구문연습

01 아래 문장을 올바르게 해석하세요. 출제자의 눈 **9주차 01번**

In the broad sweep of human social life, writing is a fairly recent invention: people must have been singing songs and telling tales for many thousands of years before anyone ever devised a means to record their words.

→

02 아래 문장을 올바르게 해석하세요. 출제자의 눈 **9주차 01번**

Epic poems show particularly elaborate uses of oral devices, many of which were developed to aid poets in rapidly composing lines of an ongoing story, and to help illiterate performers remember a long narrative.

→

03 아래 문장을 올바르게 해석하세요.

We expect people to be who they say they are and tell us the truth about themselves.

→

04 아래 문장을 올바르게 해석하세요.

But like any discipline, habit design has rules that define and explain why some products change lives while others do not.

→

05 아래 문장을 올바르게 해석하세요.

Experiments show that lab animals habituated to new behaviors tend to regress to their first learned behaviors over time. To borrow a term from accounting, behaviors are LIFO–"last in, first out."

06 아래 문장을 올바르게 해석하세요.

A plant with juicy leaves can't run away to avoid being eaten. It relies on its own chemical defenses to kill microbes, deter pests, or poison wouldbe predators. Plants also need to reproduce.

07 아래 문장을 올바르게 해석하세요.

But equally important was the desire of people to escape the heat and humidity. The environment determines what people value and what products they buy.

→

08 아래 문장을 올바르게 해석하세요.

The context collapse that occurs in an online environment blurs the line between people's professional and personal lives such that online information exchanges that occur outside of school or work hours impact people's lives at school or work.

→

09 아래 문장을 올바르게 해석하세요.

While we believe we hold the power to raise our children, the reality is that our children hold the power to raise us into the parents they need us to become.

→

10 아래 문장을 올바르게 해석하세요.

The existence of Stonehenge, built by people without writing, bears silent testimony both to the regularity of nature and to the ability of the human mind to see behind immediate appearances and discovers deeper meanings in events.

→

CHAPTER 04

10주차 | 출제 트렌드 변화 후 시험을 가장 완벽하게 분석한 교재

영작연습

01 아래 문장을 올바르게 영작하세요.

미니모의고사 — 9주차 02번

그것을 받아들인 사람조차 그것이 인사에 매우 중요한 측면이며 당시 발언된 말에 대한 그 사람의 해석을 바꾼다는 사실에도 불구하고, 그 눈썹 찡긋하기를 봤다는 것을 깨닫지 못할 수도 있다.

> Even (may / the eyebrow flash / be aware of / the receiver / not / having seen), despite the fact that (a very important aspect / is / the greeting / it / of) and (the receiver's interpretation / at the time / alters / the words / of / spoken).

→

02 아래 문장을 올바르게 영작하세요.

미니모의고사 — 9주차 02번

사람들 사이에 비언어적 의사소통이라고 일컫는 것에는 다른 많은 사례가 있으며, 그것의 대부분은 무심결에 신호로 보내지고 또 받게 된다.

> There are many other examples (is called / in humans / of / nonverbal communication / what), (unintentionally / are both / and / most of which / signaled / received).

→

03 아래 문장을 올바르게 영작하세요.

사회적 불안을 극복하는 것을 배우는 것에서 오는 보상 중 하나는 그것이 여러분에게 이전에 억눌려 졌을지도 모르는 자신의 모습들을 표현할 수 있게 하며, 여러분에게 자연스럽게 행동하는 것을 두려워하기보다는 오히려 즐기게 해준다는 것이다.

(social anxiety / the rewards / One / of learning / of / to overcome) is that (enables / to express / you / that / stifled / aspects of yourself / it / may previously have been), and (you / to enjoy / allows), rather than to fear, being yourself).

→

04 아래 문장을 올바르게 영작하세요.

여러분이 오늘 하고 있는 일이 어떻게 해서 앞으로 어느 때만이 아닌 오늘 도움이 되는지를 이해하는 것은 개인적인 동기 부여의 필수적인 부분이다.

(how / not just / benefits / you are doing today / Understanding / today / somewhere down the road / you / and / what) is an essential part of personal motivation.

→

05 아래 문장을 올바르게 영작하세요.

원시적 형태의 의사소통에 관한 분석이 발전해 왔듯이, 그것의 보편적 어휘에 관한 풍부한 관찰도 발전해 왔다.

As (of communication / analyses / have advanced / of the primal form), (its universal vocabulary / has / of / so / the observed richness).

→

정답 및 해설

CHAPTER 04 영작연습

01

Even the receiver may not be aware of having seen the eyebrow flash, despite the fact that it is a very important aspect of the greeting and alters the receiver's interpretation of the words spoken at the time.

02

There are many other examples of what is called nonverbal communication in humans, most of which are both signaled and received unintentionally.

03

One of the rewards of learning to overcome social anxiety is that it enables you to express aspects of yourself that may previously have been stifled, and allows you to enjoy, rather than to fear, being yourself.

04

Understanding how what you are doing today benefits you today and not just somewhere down the road is an essential part of personal motivation.

05

As analyses of the primal form of communication have advanced, so has the observed richness of its universal vocabulary.

출제 트렌드 변화 후 시험을 가장 완벽하게 분석한 교재

CHAPTER 01 • VOCA PREVIEW
CHAPTER 02 • 출제자의 눈
CHAPTER 03 • 미니모의고사 6회

이얼영어 www.modoogong.com

WEEK 11

공무원영어
월간문제집

가 장   완 벽 한   공 무 원 영 어 의   시 작

CHAPTER 01

11주차 | 출제 트렌드 변화 후 시험을 가장 완벽하게 분석한 교재

VOCA PREVIEW

01 keep one's counsel	(의도를 드러내지 않은 채) 잠자코 있다	14 without reference to	~와 관계없이
02 mend	고치다, 수리하다	15 lose sight of	~이 더 이상 안 보이게 되다
03 restore	복원하다	16 be thought of as	~으로 간주되다
04 make ~ to order	주문에 따라 ~을 만들다	17 accomplish	이루다, 성취하다
05 immediate	아주 가까이의	18 infinite	막대한, 무한한
06 customize	주문 제작하다	19 more of ~ than …	…이라기보다는 ~
07 extension	연장, 확장	20 at one's command	~의 마음대로 사용할 수 있는
08 fabrication	제작	21 implement	실행하다, 이행하다
09 intention	의도	22 run counter to	~에 배치되다, ~을 거스르다
10 subdivision by labour	분업	23 inherent	내재하는
11 much less	~은 말할 것도 없이	24 venture	(위험이 따르는) 사업
12 distinctive	독특한	25 corporate	기업의
13 overshadow	무색하게 만들다, 그늘을 드리우다	26 manipulation	조작

27 break off	~을 분리하다		42 necessitate	필연적으로 동반하다
28 duplicate	복제물			
29 intonation	억양			
30 disapprove of	~을 못마땅해하다			
31 linguistic	언어적인			
32 facilitator	조력자, 촉진자			
33 complement	보완하다			
34 usefulness	유용성			
35 addiction	중독			
36 break a link with	~과의 관계를 끊다			
37 border on	~에 아주 가깝다			
38 identify with	~과 동질감을 갖다			
39 bring forth	~을 일으키다[낳다]			
40 parallel	평행의			
41 temporal	시간의			

출제자의 눈

11주차 | 출제 트렌드 변화 후 시험을 가장 완벽하게 분석한 교재

01

해석 인도적 대우의 원칙은 형사법 집행에 중요한 제약을 가하는데, 이는 그 덫에 걸리는 누구에게나 매우 큰 피해를 줄 가능성을 가진 국가 운영 과정이다. 가장 명백히 위험에 처해 있는 자들은 피의자와 피고인이다. 소송 절차 규정은 논거를 준비해서 법정에서 개진하기 위한 법적 조언과 지원을 제공함으로써 피의자에 대한 인도적 대우에 공헌한다. 증거 규정은 피고인이 잠자코 있기로 선택하고 검찰 측이 입증하도록 한다면 묵비권을 행사할 권리를 존중해 주면서 동시에 피고인에게 자신에 대한 혐의에 대응할 공정한 기회를 제공함으로써 유사한 기능을 수행한다. 이런 것들과 형사상의 증거와 소송 절차에 관한 다른 규정들은 피고인을 공적인 배려와 존중의 대상이 되는, 생각하고, 느끼고, 인간적인 대상으로 대우하는데, 그들은 자신의 안녕에 직접적이고도 어쩌면 파멸적일 수 있는 영향력을 지닌 소송 절차에서 적극적인 역할을 할 수 있는 기회를 제공받을 권리를 부여받게 된다.

The principle of humane treatment exerts an important constraint on the administration of criminal justice, a state-run process which has the potential to do very great harm to anybody who becomes caught up in its snares. Suspects and the accused are the ones most obviously in jeopardy. Procedural rules contribute to suspects' humane treatment by providing them with legal advice and assistance to prepare and present their cases in court. Rules of evidence perform a similar function by affording accused persons fair opportunity to answer the charges against them, whilst at the same time respecting their right to remain silent if they choose to keep their counsel and put the prosecution to proof. These and other rules of criminal evidence and procedure treat the accused as thinking, feeling, human subjects of official concern and respect, who are entitled to be given the opportunity to play an active part in procedures with a direct and possibly catastrophic impact on their welfare.

*snare: 덫
**prosecution: 검찰 측

02

해석 물건을 고치고 복원하는 것에는 흔히 최초 제작보다 훨씬 더 많은 창의력이 필요하다. 산업화 이전의 대장장이는 가까이에 사는 마을 사람들을 위해 주문에 따라 물건을 만들었고, 제품을 주문 제작하는 것, 즉 사용자에게 맞게 그것을 수정하거나 변형하는 일이 일상적이었다. 고객들은 뭔가 잘못되면 물건을 다시 가져다주곤 했고, 따라서 수리는 제작의 연장이었다. 산업화와 결국 대량 생산이 이루어지면서, 물건을 만드는 것은 제한된 지식을 지닌 기계 관리자의 영역이 되었다. 그러나 수리에는 설계와 재료에 대한 더 큰 이해, 즉 전체에 대한 이해와 설계자의 의도에 대한 이해가 계속 요구되었다. 1896년의 *Manual of Mending and Repairing*의 설명에 따르면, "제조업자들은 모두 기계나 방대한 분업으로 일하고, 말하자면 수작업으로 일하지는 않는다." "그러나 모든 수리는 손으로 '해야 한다'. 우리는 기계로 손목시계나 총의 모든 세부적인 것을 만들 수 있지만, 고장 났을 때 기계는 그것을 고칠 수 없으며, 시계나 권총은 말할 것도 없다!"

Mending and restoring objects often require even more creativity than original production. The preindustrial blacksmith made things to order for people in his immediate community; customizing the product, modifying or transforming it according to the user, was routine. Customers would bring things back if something went wrong; repair was thus an extension of fabrication. With industrialization and eventually with mass production, making things became the province of machine tenders with limited knowledge. But repair continued to require a larger grasp of design and materials, an understanding of the whole and a comprehension of the designer's intentions. "Manufacturers all work by machinery or by vast subdivision of labour and not, so to speak, by hand," an 1896 *Manual of Mending and Repairing* explained. "But all repairing *must* be done by hand. We can make every detail of a watch or of a gun by machinery, but the machine cannot mend it when broken, much less a clock or a pistol!"

03

해석 많은 사람들에게 'Cajun'과 'Creole'이라는 말은 검보, 팥과 쌀, 가재, 그리고 '검게 그을린, Cajun 스타일'이 된 거의 모든 것을 상상하게 만든다. 이러한 요리 전통은 독특하고 즐길 만하지만, Louisiana 주의 Cajun과 Creole 공동체에 의한 다른 많은 독특한 문화적 기여를 무색하게 만들었으며, 그것을 만든 사회적, 역사적 상황과 관계없이 고찰되는 경우가 자주 있다. 'Cajun'과 'Creole'이 메뉴와 음식 라벨 위의 형용사로 전락할 때 그 형용사들이 처음 묘사했던 사람들이 더 이상 안 보이게 되기 쉬워진다. 시인 Sheryl St.Germain이 'Cajun'에서 쓰듯이, 그녀는 문화를 상품화하는 소매상들에 의해 '그 단어가 도둑맞아' 그것의 내용과 역사가 비어 없어지고 진짜 말 그대로 소비의 대상으로 전락했다고 우려한다.

For many people, the words "Cajun" and "Creole" lead to visions of gumbo, red beans and rice, crawfish, and just about anything that's been "blackened, Cajun-style." While these culinary traditions are distinctive and delicious, they have overshadowed the many other unique cultural contributions made by Louisiana's Cajun and Creole communities, and are often considered without reference to the social and historical contexts that produced them. When "Cajun" and "Creole" are reduced to adjectives on menus and food labels, it becomes easy to lose sight of the people those adjectives first described. As poet Sheryl St. Germain writes in "Cajun," she fears "the word's been stolen" by retail commodifiers of a culture emptied of its content and its history, reduced — quite literally — to an object of consumption.

04

해석 보안은 예술로 간주되어야 하는데, 왜냐하면 그것은 예전부터 있던 '도구와 기술 전문가' 모델을 통해서는 이루어질 수 없기 때문이다. 어떤 기관은 그것이 매년 수백만 달러를 보안 장치에 지출한다는 이유만으로 그 자체가 보안이 유지된다고 믿어서는 안 된다. 사실 막대한 예산과 아주 다양한 보안 재원을 가지고 있다는 것은 많은 기관들에서 흔히 이익이라기보다는 손해이다. 마음대로 사용할 수 있는 막대한 재원을 지니고 있는 기관들은 새로운 보안 장난감을 실행함으로써 보안 문제를 해결하고자 할 가능성이 매우 크다. 나는 '장난감'이라는 단어를 사용하는데, 왜냐하면 보안 장치라는 것은 아무리 비싸거나 복잡하더라도 그것이 더 큰 보안 체계 내에서 기능을 하지 않는다면 장난감에 지나지 않기 때문이다. 보안은 우리들 중 많은 이들이 믿게 되었던 것처럼 오로지 값비싼 장비를 통해서만 다루어질 수는 없다. 보안은 기술이 아니라 사고의 과정이고 방법론이다. 우리의 기술 속에 있는 보안은 (보안이) 우리의 마음속에 있을 때 가치가 있다.

Security should be thought of as an art; it cannot be accomplished through the old "tools and techies" model. An organization should not believe itself to be secure simply because it spends millions on security devices every year. The fact is that having an infinite budget and a large variety of security resources can often be more of a detriment than a benefit in many organizations. Organizations with vast resources at their command are very likely to try to solve security problems by implementing new security toys. I use the word "toy" because a security device, no matter how expensive or complex, is nothing more than a toy if it does not function within a greater security framework. Security cannot be handled exclusively through expensive equipment, as many of us have been led to believe. Security is not a technology; it is a thought process and a methodology. Security within our technologies is nothing until security is within our minds.

*detriment: 손해
**methodology: 방법론

05

해석 도시 환경은 일반적으로 우리의 피부와 접촉하지 않도록 설계된다. 우리는 우리가 학교 혹은 직장에 가는 길에 덤불을 통과하지 않는다. 길과 보도는 장애물이 없도록 유지된다. 우리가 예상치 못한 나뭇가지의 스침을 느끼거나 연석에 거의 넘어질 뻔할 때처럼 우리는 오직 이따금 한 번씩 환경의 물질성에 대해 떠올리게 된다. 우리 시간의 대부분은 심지어 밖에서 보내지지 않는다. 보통 '외부'는 단지 우리가 '내부'에 가기 위해 거쳐 가는 공간일 뿐이다. 우리의 시간은 주로 실내에서 보내지고 그곳에서 건축술과 설계가 가능한 한 촉각적 자극이 결여된 환경을 제공하기 위해 결탁한다. 현대의 대학 혹은 사무실 건물에서 바닥과 벽은 평평하고 매끈하며 복도는 깨끗하고 공기는 바람 한 점 없으며 온도는 중간이고 승강기는 사람을 한 층에서 다른 층으로 수월하게 실어 나른다. 우리가 그 존재를 거의 알아차리지 않을 때 우리의 촉각 환경에 의해 우리가 최고의 편의를 제공받는다고 흔히 여겨진다.

The urban environment is generally designed so as not to make contact with our skin. We do not push through bushes on our way to school or work. Roads and sidewalks are kept clear of obstacles. Only once in a while are we reminded of the materiality of the environment, as when we feel the brush of an unexpected tree branch or nearly fall over a curb. Most of our time is not even spent outside. "Outside" is often just a space we go through to get "inside." Our time is largely spent indoors, where architecture and design collude to provide an environment as lacking as possible in tactile stimulation. In the modern university or office building, floors and walls are flat and smooth, corridors are clear, the air is still, the temperature is neutral, and elevators carry one effortlessly from one level to another. It is commonly assumed that we are best served by our tactile environment when we scarcely notice its presence.

*collude: 결탁하다

06

해석 우리 경제는 주로 통제와 효율에 관심이 있다. 현대 농업이 이익 기반의 사업이기 때문에, 생물 다양성에 내재하는 흉작의 존재는 효율적이고 결점이 없는 대량 생산에 대한 우리의 의식에 배치된다. 계속되는 기업 합병과 증가하는 산업화와 함께, 농업의 발전은 농작물 유전자 집단에 대한 조작 및 통제의 증가로 특징지어졌다. 최초의 농부들은 재배할 식물의 유형을 선택했다. 얼마 후, 사람들은 영양 번식을 발견했는데, 이것은 예를 들어 구근 식물의 한 조각이 분리되어 모체 식물의 복제 식물을 생산하기 위해 다시 심어질 수 있는 과정이다. 이 기법을 이용하여 사람들은 다음 세대의 유전적 구성을 통제할 수 있었다. 나중에, 과학 및 산업 혁명 시기 동안 농부들은 유전학에 대한 자신들의 실용적 지식을 이용하여 선택적 종자 저장을 통해, 선호되는 특징을 가진 식물의 품종을 개량했다. 최근까지, 선택적 종자 저장이 우리의 모든 식품 생산을 위한 토대였다.

Our economy is centered around control and efficiency. Because modern agriculture is a profit-based venture, the existence of failures, inherent to biodiversity, runs counter to our sense of efficient, flawless mass production. With continuing corporate consolidation and rising industrialization, the evolution of agriculture has been characterized by increasing manipulation and control over crop gene pools. The earliest farmers selected the types of plants to grow. After a while, people discovered vegetative propagation — a process in which, for example, a piece of a bulb can be broken off and replanted to produce a duplicate to the parent plant. Using this technique, people could control the genetic composition of the next generation. Later, during the scientific and industrial revolutions, farmers used their practical knowledge of genetics to breed plants with preferred characteristics by selective saving of seeds. Until recently, selective seed saving was the basis for all of our food production.

*vegetative propagation: 영양 번식
**bulb: 구근[알뿌리] 식물

07

해석 내가 여러분에게 Maddy가 나쁘다고 말한다고 생각해 보라. 아마 여러분은 나의 억양이나 우리가 말하고 있는 상황으로부터 내 뜻이 도덕상 나쁘다는 것이라고 추론한다. 게다가 여러분은 아마, 일반적인 언어 관행을 고려하고 내가 진심이라고 상정한다면, 내가 Maddy를 못마땅해하고 있다고, 또는 내 생각에 여러분이 그녀를 못마땅해하거나 그와 비슷해야 한다고 내가 말하고 있다고, 추론할 것이다. 하지만 여러분은 Maddy가 나쁜 특정 유형의 방식, 그녀의 일반적인 성격 특성 등에 대해서는 더 자세하게 인식하지 못할 수도 있는데, 사람들은 여러 방면에서 나쁠 수 있기 때문이다. 그에 반해서, 만일 내가 Maddy는 사악하다고 말한다면, 그러면 여러분은 다른 사람들에 대한 그녀의 일반적인 행동과 태도를 더 인식하게 된다. '사악한'이라는 낱말은 '나쁜'보다 더 구체적이다. 사악함은 여러 형태를 띠기 때문에 나는 여전히 Maddy의 성격을 정확하게 지적하지 않았다. 그러나 그럼에도 불구하고 더 많은 세부 사항, 아마도 Maddy의 사람 유형에 대한 더 두드러진 함축이 있다. 게다가, 그리고 다시 일반적인 언어 관행을 상정하면, 여러분은 또한, 우리가 여전히 그녀의 도덕적 성격을 논하고 있다고 상정하면서, 내가 Maddy를 못마땅해하고 있다고, 또는 여러분이 그녀를 못마땅해하거나 그와 비슷해야 한다고 내가 말하고 있다고 인식할 것이다.

Imagine I tell you that Maddy is bad. Perhaps you infer from my intonation, or the context in which we are talking, that I mean morally bad. Additionally, you will probably infer that I am disapproving of Maddy, or saying that I think you should disapprove of her, or similar, given typical linguistic conventions and assuming I am sincere. However, you might not get a more detailed sense of the particular sorts of way in which Maddy is bad, her typical character traits, and the like, since people can be bad in many ways. In contrast, if I say that Maddy is wicked, then you get more of a sense of her typical actions and attitudes to others. The word 'wicked' is more specific than 'bad'. I have still not exactly pinpointed Maddy's character since wickedness takes many forms. But there is more detail nevertheless, perhaps a stronger connotation of the sort of person Maddy is. In addition, and again assuming typical linguistic conventions, you should also get a sense that I am disapproving of Maddy, or saying that you should disapprove of her, or similar, assuming that we are still discussing her moral character.

*connotation: 함축

08

해석 오늘날 도서관 직원들에게 증가하고 있는 어려운 과제는 이용자들이 인터넷에서 정보를 찾는 것뿐만 아니라, 이용 가능한 아주 많은 자원에서 그 정보의 유용성과 신뢰성에 대한 숙련된 평가자가 되도록 돕는 것이다. 비판적 사고 능력 또한 필수적이다. 학교 도서관과 학술 도서관에서 이러한 책임은 교실의 교사들과 공유된다. 전문 분야 도서관의 직원들은 동료들을 위해 데이터를 꼼꼼하게 살펴 가려내고 평가해야 할 책임이 있다. 공공 도서관 사서들과 직원들에게는, 이용자들이 정보를 찾고 평가하는 것을 돕는 것이 그들의 임무에 가장 중요하다. 모든 경우에 있어, 평가자로서의 도서관 직원의 역할은 조력자로서의 역할만큼이나 중요하다. 이러한 이유로, 도서관은 여전히 건재한데, 그것은 인터넷이 도서관을 보완하지만, 대체하지는 않기 때문이다.

The rising challenge today for library workers is to help users not only find information on the Internet, but also become skillful evaluators of its usefulness and reliability from the ocean of resources available. Critical thinking skills are also essential. In school and academic libraries, this responsibility is shared with classroom teachers. Staff members in special libraries have a responsibility to sift through and evaluate data for their colleagues. For public librarians and staff, helping users find and evaluate information is central to their mission. In all cases, the library worker's role as an evaluator is just as important as that of a facilitator. For these reasons, libraries remain alive and well, because the Internet complements libraries, but does not replace them.

*sift through: ~을 꼼꼼하게 살펴 가려내다

09

해석 스포츠는 그것의 소비자에게 다른 제품이 좀처럼 일으키지 못하는 종류의 정서적 반응을 촉발시킬 수 있다. 은행 고객이 그들 은행에 대한 충성심을 보여주기 위해 기념품을 구입하거나, 고객이 그들 자동차 보험 회사에 대해 매우 강한 동질감을 가져서 회사 로고로 문신을 한다고 상상해 보라. 우리는 일부 스포츠 추종자들이 선수, 팀, 그리고 그 스포츠 자체에 매우 열정적이어서 그들의 관심이 집착에 아주 가깝다는 것을 알고 있다. 이런 중독은 팬을 팀과 묶어주는 정서적 접착제를 제공하고, 구장에서 일어나는 실패에도 충성심을 유지하게 한다. 대부분의 관리자는 스포츠팬만큼 그들 제품에 열정적인 고객을 가지기를 오직 꿈꾸지만, 스포츠로 인해 촉발되는 감정은 또한 부정적인 영향을 미칠 수 있다. 스포츠의 정서적 격렬함은 조직이 향수와 클럽 전통을 통해 과거에 대한 강한 애착을 가지고 있다는 것을 의미할 수 있다. 그 결과, 그것[조직]은 효율성, 생산성 및 변화하는 시장 상황에 신속하게 대응해야 할 필요성을 무시할 수도 있다. 예를 들어, 더 매력적인 이미지를 투사하기 위해 클럽 색깔을 바꾸자는 제안은 그것이 전통과의 관계를 끊기 때문에 무산될 수도 있다.

Sport can trigger an emotional response in its consumers of the kind rarely brought forth by other products. Imagine bank customers buying memorabilia to show loyalty to their bank, or consumers identifying so strongly with their car insurance company that they get a tattoo with its logo. We know that some sport followers are so passionate about players, teams and the sport itself that their interest borders on obsession. This addiction provides the emotional glue that binds fans to teams, and maintains loyalty even in the face of on-field failure. While most managers can only dream of having customers that are as passionate about their products as sport fans, the emotion triggered by sport can also have a negative impact. Sport's emotional intensity can mean that organisations have strong attachments to the past through nostalgia and club tradition. As a result, they may ignore efficiency, productivity and the need to respond quickly to changing market conditions. For example, a proposal to change club colours in order to project a more attractive image may be defeated because it breaks a link with tradition.

*memorabilia: 기념품
*obsession: 집착

10

해석 스위스의 심리학자 Jean Piaget는 짝 지은 사건에 소요되는 시간을 비교하거나 추정하는 아이들의 능력을 통해 그들의 시간 개념을 자주 분석했다. 한 대표적인 실험에서 두 대의 장난감 자동차가 동시에 평행 선로에서 달리고 있는 것을 보여 주었는데, 한 대가 더 빠르게 달려 선로를 따라 더 먼 곳에서 멈췄다. 그러고 나서 아이들은 그 자동차들이 똑같은 시간 동안 달렸는지의 여부를 판단하고 자신들의 판단이 옳다는 것을 설명해 보라는 요청을 받았다. 미취학 아동과 어린 학령기 아동은 시간 차원과 공간 차원을 혼동한다. 시작 시각은 시작 지점에 의해, 정지 시각은 정지 지점에 의해, 그리고 지속 시간은 거리에 의해 판단되는데, 그렇기는 하나 이 오류들 각각이 나머지 오류 모두를 필연적으로 동반하지는 않는다. 따라서 아이는 그 자동차들이 동시에 달리기 시작해서 동시에 달리는 것을 멈췄고(맞는 사실이다), 앞에 더 멀리 정차한 자동차가 더 오랜 시간 동안 달렸다(틀린 사실이다)고 주장할 수도 있다.

The Swiss psychologist Jean Piaget frequently analyzed children's conception of time via their ability to compare or estimate the time taken by pairs of events. In a typical experiment, two toy cars were shown running synchronously on parallel tracks, one running faster and stopping further down the track. The children were then asked to judge whether the cars had run for the same time and to justify their judgement. Preschoolers and young school-age children confuse temporal and spatial dimensions: Starting times are judged by starting points, stopping times by stopping points and durations by distance, though each of these errors does not necessitate the others. Hence, a child may claim that the cars started and stopped running together (correct) and that the car which stopped further ahead, ran for more time (incorrect).

CHAPTER 03

미니모의고사 6회

01 다음 글의 주제로 가장 적절한 것은?

Many European citizens feel that their national culture is threatened by moves towards economic and political unification. Some cultural communities in Europe, however, welcome this trend since their particular identities have not always been respected by nation-states. We are strongly encouraged to preserve the variety of cultures in Europe, whilst at the same time urged to recognize commonalities, collaborate, integrate and unify for the common good. Is this a paradox? Can we preserve our identification with local, regional or national cultures whilst still embracing European integration? The idea of any local, regional or national culture as an isolated, unassailable entity is simply untenable today in a continent with such excellent communications. Also, historically, no region can claim cultural or ethnic 'purity'. All European cultures have been ready to take on Goethe's 'foreign treasures', to adapt and refine them before passing them on again.

*unassailable: 확고한
**untenable: 성립할 수 없는

① the increasing cultural distance between European cultures
② disruptive effects of political unification on European's lives
③ rising public awareness of the spirit of community in Europe
④ expectations on European nations becoming a single political identity
⑤ the difficulty of protecting diverse cultures in times of European integration

02 다음 글의 밑줄 친 부분 중, 어법상 틀린 것은?

"Monumental" is a word that comes very close to ① expressing the basic characteristic of Egyptian art. Never before and never since has the quality of monumentality been achieved as fully as it ② did in Egypt. The reason for this is not the external size and massiveness of their works, although the Egyptians admittedly achieved some amazing things in this respect. Many modern structures exceed ③ those of Egypt in terms of purely physical size. But massiveness has nothing to do with monumentality. An Egyptian sculpture no bigger than a person's hand is more monumental than that gigantic pile of stones ④ that constitutes the war memorial in Leipzig, for instance. Monumentality is not a matter of external weight, but of "inner weight." This inner weight is the quality which Egyptian art possesses to such a degree that everything in it seems to be made of primeval stone, like a mountain range, even if it is only a few inches across or ⑤ carved in wood.

*gigantic: 거대한
**primeval: 원시 시대의

03 다음 글의 밑줄 친 부분 중, 문맥상 낱말의 쓰임이 적절하지 않은 것은?

Avoid the myth that writing is easier at the last minute. It's a popular, but dangerous myth. Last-minute deadlines are more ① likely to create stress that can paralyze your thinking and ability to write. You may feel "energized" by the stress, but the stress also ② undermines your ability to make logical connections and correct choices while writing. Inevitably, last-minute writing results in embarrassing mistakes, omissions, and a lack of ③ clarity. Finish a day ahead of time, and review your work the next day. Never post, publish, or submit a project immediately after you finish writing. Instead, put it aside for an hour, or — even better — overnight. Then, carefully review what you've written. Always read what you've written out loud. Reading out loud will ④ conceal errors and omissions that you didn't notice the previous day. Reading out loud helps you locate run-on sentences, awkward phrases, and ⑤ unnecessary ideas.

*run-on sentence: 무종지문(2개 이상의 문장이나 독립된 절을 접속사 없이 연결한 것)

04 밑줄 친 pulled back the curtains가 다음 글에서 의미하는 바로 가장 적절한 것은?

The title of Carson's book, Silent Spring, was a reference to a world without birds that could be the ultimate outcome of indiscriminate pesticide use. As a scientist, Carson researched her book carefully and grounded it in rigorous science. She made a forceful case for the severe damage that reckless spraying of pesticides had caused to wildlife and exposed the potential threat to humans as well. She did it with a passionate, poetic writing style that made the subject accessible to ordinary people. Up to that time, technology had been seen as the realm of scientists and government regulators, and Americans generally entrusted it to the experts who appeared to understand the complicated details of biology and chemistry. Carson pulled back the curtains. Silent Spring encouraged citizens to become informed and to become actively engaged, and in so doing helped usher in the spirit of participatory democracy that characterized the 1960s.

*usher in: 무종지문(2개 이상의 문장이나 독립된 절을 접속사 없이 연결한 것)

① explained how to conduct complicated science experiments
② let as many people as possible participate in public hearing
③ allowed ordinary citizens to see into the world of the experts
④ unveiled the history of pain that accompanied the birth of democracy
⑤ reported both the negative and positive effects of pesticides on agriculture

05 다음 빈칸에 들어갈 말로 가장 적절한 것을 고르시오.

One dimension of the mind's innate search for meaning has to do with the compelling power of _____. For example, a girl of about nine years old recently described what she understood to be the causes and best treatment for lung cancer. She was extremely articulate. Her interest had been sparked by the fact that her mother had been diagnosed with the disease, prompting her to read as much as she could find on the subject. Learning that is reducible to memorizing facts that are true or false is different from learning that engages actor-centered, adaptive decision making. This kind of decision making is the result of an authentic question generated by the learner on the basis of a genuine need to know and is one that inevitably requires more complex thinking. It is the search for meaning that organizes actor-centered questions and encourages the use of higher-order functions.

*articulate: (생각, 감정 등을) 명확하게 표현하는

① logic
② purpose
③ memory
④ creativity
⑤ predictability

06 다음 빈칸에 들어갈 말로 가장 적절한 것을 고르시오.

By the end of the millennium, emotions had become such a central part of psychology's focus that many scholars viewed emotions as the motivational force guiding almost all of human behavior. Today, many psychological scientists agree that any decision we make, any relationship we pursue, any *thing* we want — all these judgments, behaviors, and desires are influenced by emotion. Even those decisions which, we believe, are shaped by rationality or logical principles about what is right or good are in fact more often triggered by a gut emotional response. We tell ourselves that such decisions aren't driven by our emotions, and that we are relying on the mind's most sophisticated reasoning processes, but research shows that we are very good at coming up with "sophisticated" reasons to justify what we want to think, and what we want to think is almost always shaped by _____.

① how we feel
② what we learn
③ what we pursue
④ how we grow up
⑤ how we communicate

07 다음 빈칸에 들어갈 말로 가장 적절한 것을 고르시오.

Social exchange is the general category of social process and involves people in the organization trading resources and attempting to make sure that _____.
Many of the social interactions occurring in an organization consist of transactions in which one person offers resources to the other person and in return receives something from that individual. There are costs involved in the transactions as well as benefits, and the motivation of each party to the exchange is to maximize the positive and minimize the negative. Social exchange theorists propose that all interactions among people constitute social exchanges, even those involving love and marriage. Explaining something as personal as love as an exchange that continues as long as it is profitable may seem cynical. You might protest and say that remaining in a loving relationship is not reducible to rewards and costs. Social exchange theorists would counter by stating that an important part of any continuing relationship is achieving a favorable balance sheet in the transactions with the other person.

① future transactions will continue
② their rewards outweigh their costs
③ they complement their weaknesses
④ innovative ideas are put into practice
⑤ they get favorable reviews from clients

08 주어진 글 다음에 이어질 글의 순서로 가장 적절한 것은?

To reduce the waste of inspection (and checking) in the office, everyone has to play by a new set of rules — in essence, a new paradigm. This begins with an understanding that defects are caused by the way work is performed.

(A) Think, for example, of the time and effort expended by the people performing the inspections and the number of inspection reports that they generate. These reports must be read, responded to or acted upon, and then filed or stored, creating more waste.

(B) If work is performed correctly, inspections are not needed. Generally, the inspection process exists only because of a fear of mistakes made during the work process. Inspections reveal defects only after they have already occurred.

(C) Stated another way, inspections discover waste. The inspection process itself does not add value; in fact, it becomes another form of waste. Moreover, this new form of waste is often multilayered.

*articulate: (생각, 감정 등을) 명확하게 표현하는

① (A) – (C) – (B)
② (B) – (A) – (C)
③ (B) – (C) – (A)
④ (C) – (A) – (B)
⑤ (C) – (B) – (A)

09 글의 흐름으로 보아, 주어진 문장이 들어가기에 가장 적절한 곳은?

> Perhaps that explains why in the West it long remained a minor color, playing practically no role in social life, religious rituals, or artistic creation, not totally absent as in the Old Stone Age, but unnoticeable.

Not a single color belonging to the range of greens is present in Old Stone Age paintings. (①) On cave walls we find tones of red, black, brown, and ochers in different shades but no green or blue and scarcely any white. (②) And that is more or less the case a few thousand years later in the New Stone Age, when the first dyeing practices appeared. (③) Having become sedentary, humans dyed in red and yellow tones long before dyeing in greens or blues. (④) Ubiquitous in the plant world, green is a color that humans reproduced, made, and mastered late and with difficulty. (⑤) Compared to red, white, and black — the three "basic" colors in most ancient European societies — the symbolic power of green was undoubtedly too limited to prompt emotions, transmit ideas, or structure classifications or systems.

*ocher: 황토색
**sedentary: 한곳에 머물러 사는
***ubiquitous: 아주 흔한

10 다음 글에서 전체 흐름과 관련 없는 문장은?

Movies and cartoons sometimes portray scientists as loners in white lab coats, working in isolated labs. In reality, science is an intensely social activity. Most scientists work in teams, which often include both graduate and undergraduate students. ① And to succeed in science, it helps to be a good communicator. ② Research results have no impact until shared with a community of peers through seminars, publications, and websites. ③ However, the communication of scientific knowledge does not automatically lead to problem resolution, unless it is translated into effective public policies and citizen action. ④ And, in fact, research papers aren't published until they are vetted by colleagues in what is called the "peer review" process. ⑤ Most of the examples of scientific inquiry described in science textbooks for college students, for instance, have all been published in peer reviewed journals.

*vet: 심사하다

정답 및 해설

CHAPTER 03 미니모의고사 6회

빠른 정답 찾기

| 1 ⑤ | 2 ② | 3 ④ | 4 ③ | 5 ② | 6 ① | 7 ② | 8 ③ | 9 ⑤ | 10 ③ |

01　⑤

해석　많은 유럽 시민들은 자신들의 국가 문화가 경제적, 정치적 통일을 향한 움직임으로 인해 위협받고 있다고 느낀다. 그러나 유럽의 몇몇 문화 공동체들은 자신들의 특정한 정체성이 항상 민족 국가들로부터 존중받지는 못했기 때문에 이러한 추세를 환영한다. 우리는 유럽의 다양한 문화를 보존하도록 강하게 권장받는 동안 동시에 공익을 위해 공통점을 인정하고, 협력하고, 통합하고, 통일할 것을 강력히 촉구받는다. 이것은 역설인가? 우리는 유럽 통합을 여전히 수용하면서도 지역, 지방 또는 국가 문화와의 공감을 유지할 수 있을까? 어느 지역, 지방 또는 국가 문화가 고립된 확고한 실체라는 생각은 이렇게 훌륭한 정보통신을 가진 대륙에서는 오늘날 도저히 성립할 수 없다. 또한 역사적으로 어떤 지방도 문화적 혹은 민족적 '순수성'을 주장할 수 없다. 모든 유럽 문화는 괴테의 '외래의 보물'을 취하여, 그것을 다시 전달하기 전에 조정하고 개선할 준비가 되어 있었다.

02　②

해석　'기념비적'이라는 말은 이집트 예술의 기본적인 특징을 표현하는 데 매우 근접하는 단어이다. 그전에도 그 이후에도, 기념비성이라는 특성이 이집트에서처럼 완전히 달성된 적은 한 번도 없었다. 이집트인들이 그들 작품의 외적 크기와 거대함이라는 측면에 있어서 몇 가지 대단한 업적을 달성했다는 것이 인정되기는 하지만 이에 대한 이유(전무후무하게 기념비성을 달성한 이유)가 그런 점에 있는 것은 아니다. 많은 현대 구조물은 순전히 물리적인 크기의 면에서는 이집트의 구조물들을 능가한다. 그러나 거대함은 기념비성과는 아무 관련이 없다. 예를 들어, 겨우 사람 손 크기의 이집트의 조각이 Leipzig의 전쟁 기념비를 구성하는 그 거대한 돌무더기보다 더 기념비적이다. 기념비성은 외적 무게의 문제가 아니라 '내적 무게'의 문제이다. 이 내적 무게가 이집트 예술이 지닌 특성인데, 이집트 예술은 그 안에 있는 모든 것이 단지 폭이 몇 인치에 불과하거나 나무에 새겨져 있을지라도, 마치 산맥처럼 원시 시대의 돌로 만들어진 것처럼 보일 정도이다.

해설　Never before and never since has the quality of monumentality been achieved as fully as it was in Egypt.

부정어구 Never before and never since가 문두에 와서 주어(the quality of monumentality)와 조동사(has)가 도치되었다.

This inner weight is the quality [which Egyptian art possesses to such a degree that everything in it seems to be made of primeval stone, ~].

[ ]로 표시된 부분은 the quality를 수식하는 관계절이다. 관계사 which는 관계절 안에서 possesses의 목적어 역할을 한다.

03　④

해석　글을 쓰는 것은 마지막 순간에 더 쉽다는 속설을 피하라. 그것은 널리 알려져 있지만 위험한 속설이다. 막바지의 마감 기한은 여러분의 생각과 글을 쓰는 능력을 마비시킬 수 있는 스트레스를 유발할 가능성이 더 크다. 여러분은 스트레스에 의해 '기운을 얻은' 느낌을 받을 수도 있지만, 스트레스는 또한 글을 쓰는 동안 논리적인 연결을 하고 올바른 선택을 하는 능력을 약화시킨다. 불가피하게, 마지막 순간의 글쓰기는 당혹스러운 실수, 누락, 그리고 명확성의 결여를 초래한다. 하루 먼저 미리 끝내고, 그다음 날 여러분의 글을 검토하라. 절대로 집필을 마친 직후에 과제를 올리거나, 출판하거나, 제출하지 말라. 대신에, 한 시간 동안, 혹은 훨씬 더 좋게는 하룻밤 동안 그것을 놓아두라. 그런 다음에 여러분이 쓴 것을 주의 깊게 재검토하라. 항상 여러분이 쓴 것을 큰 소리로 읽으라. 큰 소리로 읽으면 여러분이 전날 알아차리지 못한 오류와 누락을 감출(→ 드러낼) 것이다. 큰 소리로 읽으면 무종지문(無終止文), 어색한 구절, 그리고 불필요한 개념을 찾아내는 데 도움이 된다.

04　③

해설　Carson이 쓴 책의 제목인 Silent Spring은 무분별한 살충제 사용의 최종적인 결과가 될 수 있는, 새가 살지 않는 세상에 대한 언급이었다. 과학자로서 Carson은 자신의 책을 위해 꼼꼼하게 조사하였고 정확한 과학에 그것의 근거를 두었다. 그녀는 분별없는 살충제의 살포가 야생동물에게 끼친 심각한 피해를 강력하게 주장했고 인간에게 또한 미칠 수 있는 잠재적인 위협을 폭로했다. 그녀는 일반인들이 그 주제를 쉽게 접할 수 있게 한 열정적이고 시적인 문제로 그것을 했다. 그때까지 과학 기술은 과학자와 정부 관리자의 영역으로 여겨져 왔으며, 미국인들은 일반적으로 생물학과 화학의 복잡한 세부사항을 이해하는 것으로 보이는 전문가들에게 그것을 맡겼다. Carson은 커튼을 젖혔다. Silent Spring은 시민들이 정보를 얻고 적극적으로 참여하도록 격려했으며, 그렇게 하면서 1960년대의 특징이 되었던 참여 민주주의의 정신이 시작되는 데 도움을 주었다.

05 ②

해석 정신이 본질적으로 의미를 찾는 한 가지 모습은 목적의 강력한 힘과 관련이 있다. 예를 들어, 아홉 살쯤 된 한 소녀는 최근에 폐암의 원인과 최상의 치료법이라고 자신이 이해한 바를 썼다. 그녀는 대단히 명확하게 표현했다. 그녀의 관심은 그녀의 어머니가 그 질병을 진단 받았다는 사실로 촉발되었으며, 그 때문에 그녀는 그 주제에 대해 찾을 수 있는 한 많은 것을 읽었다. 맞거나 틀린 사실들을 암기하는 것으로 축소될 수 있는 학습은 행위자 중심의, 적응적인 의사 결정 을 하게 하는 학습과는 다르다. 이러한 종류의 의사 결정은 알고자 하는 진정한 욕구에 기초하여 학습자에 의해 생성된 진정한 질문의 결과이며 불가피하게 더 복잡한 생각을 필요로 하는 것이다. 행위자 중심의 질문을 체계화하고 더 높은 차원의 기능을 사용하도록 권장 하는 것은 바로 의미에 대한 추구이다.

06 ①

해석 20세기 말 무렵 감정은 심리학의 초점의 매우 주요한 부분이 되어서 많은 학자들이 감정을 거의 모든 인간 행동을 이끄는 동기 부여의 힘으로 보았다. 오늘날, 많은 심리학자들은 우리가 내리는 그 어떤 결정이든, 우리가 추구하는 그 어떤 관계든, 우리가 원하는 그 어떤 '것'이든, 모든 이러한 판단, 행동, 욕구는 감정에 의해 영향을 받는다는 것에 동의한다. 우리가 합리성이나 무엇이 옳거나 좋은지에 대한 논리적 원칙들에 의해 형성된다고 믿는 그런 결정들조차도 사실 직감에 따른 감정적 반응에 의해 더 자주 유발된다. 우리는 스스로에게 그런 결정들이 우리의 감정에 의해서 유도되지 않고, 우리가 정신의 가장 정교한 추론 과정에 의지하고 있다고 말하지만, 연구는 우리가 생각하고 싶어 하는 것을 정당화하기 위해 '정교한' 이유들을 제시하는 데 매우 능숙하고 우리가 생각하고 싶어 하는 것은 거의 항상 우리가 느끼는 방식에 의해 형성된다는 것을 보여 준다.

07 ②

해석 사회적 교환은 사회적 과정의 일반적인 범주로, 조직 내의 사람들이 자원을 거래하고 자신들의 보상이 비용보다 더 큰 것을 확실하게 하려는 시도를 포함한다. 조직에서 일어나는 많은 사회적 상호작용은 한 사람이 다른 사람에게 자원을 제공하고 그 대가로 그 사람으로부터 무엇인가를 받는 거래로 이루어진다. 거래에는 이익뿐 아니라 수반되는 비용도 있으므로, 교환에 임하는 양측의 동기는 긍정적인 것을 최대화하고 부정적인 것을 최소화하는 것이다. 사회적 교환 이론 가들은 사람들 사이의 모든 상호작용은, 심지어 사랑과 결혼을 포함 하는 것까지도, 사회적 교환이 된다고 제안한다. 사랑처럼 개인적인 것을 이익이 되는 한 계속되는 교환으로 설명하는 것은 냉소적으로 보일 수 있다. 여러분은 사랑하는 관계를 유지하는 것이 보상과 비용으로 (단순하게) 축소될 수 없다고 항변할지도 모른다. 사회적 교환 이론가들은 어떤 계속되는 관계도 그것의 중요한 부분은 상대방과의 거래에서 유리한 대차 대조표를 얻는 것이라고 말하면서 반박할 것이다.

08 ③

해석 사무실에서 점검(과 확인)의 허비를 줄이기 위해서는, 모두가 새로운 일련의 규칙들, 본질적으로 새로운 패러다임에 따라 행동해야 한다. 이것은, 결함이 업무가 수행되는 방식에 의해 야기된다는 것을 이해하는 데서 시작된다. (B) 업무가 바르게 수행되는 경우에는, 점검이 필요 없다. 일반적으로 점검 과정은 오로지 업무 과정 중에 일어나는 실수에 대한 두려움 때문에 존재한다. 점검은 결함이 이미 발생한 후에만 그것을 드러낸다. (C) 달리 말하자면, 점검은 허비를 찾아낸다. 점검 과정 그 자체는 가치를 더하지 않는데, 사실 그것은 또 다른 형태의 허비가 된다. 게다가 이 새로운 형태의 허비는 다층적인 경우가 많다. (A) 예를 들어 점검하는 사람들이 들이는 시간과 노력, 그리고 그들이 만들어내는 점검 보고서의 수를 생각해 보라. 이들 보고서는 읽어야 하고, 이에 (적절히) 대응하거나 이에 따라 조치해야 하며, 그런 다음 편철하거나 저장해야 하는데, 이는 더 많은 허비를 만들어 낸다.

09 ⑤

해석 구석기 시대의 그림들에는 녹색 계열의 범위에 속하는 색깔이 하나도 존재하지 않는다. 동굴 벽에서 우리는 여러 색조의 빨간색, 검정색, 갈색 그리고 황토색 계열 색상을 발견하지만, 녹색이나 파란색은 전혀 찾을 수 없고 흰색은 거의 찾을 수 없다. 그리고 이는 수천 년이 지난 후인 신석기 시대에도 거의 그러한데, 그때 처음으로 염색을 하는 관습이 나타났다. 한곳에 머물러 살게 되면서 사람들은 녹색 계열이나 파란색 계열로 염색을 하기 훨씬 전부터 빨간색 색상이나 노란색 색상으로 염색을 했다. 식물 세계에서는 아주 흔하지만, 녹색은 인간이 늦게 그리고 어렵게 재현하고, 만들고, 통달한 색이다. 아마도 그것이, 서양에서 녹색이 오랜 기간 중요하지 않은 색으로 남아 있으면서 구석기 시대처럼 완전히 없는 것은 아니지만 눈에 띄지 않은 채, 사회적 삶, 종교적 의식 또는 예술적 창작에서 거의 어떤 역할도 하지 않은 이유를 설명해 준다. 대부분의 고대 유럽 사회에서 세 가지 '기본적' 색이던 빨간색, 흰색, 검은색과 비교하여 녹색의 상징적인 힘은 감정을 불러일으키거나 생각을 전달하거나, 범주 혹은 체계를 구축하기에는 확실히 너무나 제한적이었다.

10 ③

해석 영화와 만화는 때로 과학자를 흰색 실험실 가운을 입고 외딴 실험실에서 일하는 외톨이로 묘사한다. 실제로 과학은 매우 사회적인 활동이다. 대부분의 과학자는 팀을 이루어 일하는데, 팀은 흔히 대학원생과 학부생을 모두 포함한다. 그리고 과학에서 성공하기 위해서는 의사소통을 잘하는 것이 도움이 된다. 연구 결과는 세미나, 출판물, 웹사이트를 통해 동료 집단과 공유되고 나서야 비로소 영향을 미친다. (그러나 과학 지식이 효과적인 공공 정책과 시민행동으로 전환되지 않으면, 그 과학 지식의 전달이 자동적으로 문제 해결로 이어지지는 않는다.) 그리고 사실 연구 논문은 '동료 심사' 과정이라고 불리는 것으로 동료들에 의해 심사를 받고 나서야 비로소 발표된다. 예를 들어 대학생용 과학 교재에 기술된 과학 연구 사례의 대부분은 모두 동료 심사를 받는 학술지에 발표되었다.

출제 트렌드 변화 후 시험을 가장 완벽하게 분석한 교재

CHAPTER 01 • 어휘 TEST
CHAPTER 02 • REAL 하프 모의고사 6회
CHAPTER 03 • 구문연습
CHAPTER 04 • 영작연습

이얼영어 www.modoogong.com

WEEK 12

공무원영어
월간문제집

가 장 완 벽 한 공 무 원 영 어 의 시 작

CHAPTER 01 어휘 TEST

12주차 | 출제 트렌드 변화 후 시험을 가장 완벽하게 분석한 교재

다음 문장에 적절한 어휘를 고르세요.

1. The two semiconductor giants have reportedly used locally produced etching gas in their semiconductor _____ processes.
   ① culmination   ② fabrication   ③ vantage
   ④ relinquish   ⑤ renounce

2. The Gracious Speech listed some of the measures that we need to _____ to meet these challenges.
   ① identify   ② estimate   ③ assess
   ④ appropriate   ⑤ implement

3. _____ typically involves abuse of market information, trading which distorts market prices, and causes excessive market variability.
   ① implication   ② perspective   ③ context
   ④ extent   ⑤ manipulation

4. It will ask professionals to share assessment information, subject to proper observance of confidentiality, rather than _____ each other's assessments as often happens now.
   ① duplicate   ② console   ③ consume
   ④ breed   ⑤ remain

5. Nevertheless, I instinctively _____ of the institutional public funding of political parties, be they national or transnational.
   ① preserve   ② deserve   ③ disapprove
   ④ describe   ⑤ portray

6. The change is not just _____ : it is cultural, iconic and religious and permeates all the way through society.
   ① diameter   ② perimeter   ③ adjacent
   ④ linguistic   ⑤ alter

7 I am proud, however, of my occasional role as a _____ and catalyst for such cross-party initiatives.

① ordinary   ② facilitator   ③ personnel
④ respective   ⑤ corporate

8 The inquiries address different issues from different perspectives and therefore _____ each other.

① compliment   ② complaint   ③ complement
④ confident   ⑤ confidential

9 There will be two _____ worlds on stage – that of the plantation slave and the impoverished mill worker.

① parallel   ② hinder   ③ alleviate
④ advocate   ⑤ dispute

10 The change of times (both _____ and economic) might reduce the enthusiasm of the crowd.

① interpretation ② thump   ③ quest
④ elude   ⑤ temporal

다음 어휘에 맞는 뜻을 고르세요.

11 aural
① 청각의   ② 관중의   ③ 예민한
④ 소진된   ⑤ 적극적인

12 improvise
① 공급하다   ② 제안하다   ③ 즉흥적으로 하다
④ 창의적으로 하다 ⑤ 어려움을 극복하다

13 petty
① 귀여운   ② 건강에 해로운 ③ 다독이는
④ 사소한   ⑤ 몽상가의

14 deduce
① 줄이다　　② 약화시키다　　③ 괴롭히다
④ 추론하다　　⑤ 헤어지다

15 vicinity
① 결핍　　② 근처　　③ 중심
④ 계산　　⑤ 섭취

16 symmetry
① 해설　　② 학습　　③ 대칭
④ 협업　　⑤ 정지

17 maneuver
① 공들인　　② 잘 다듬어진　　③ 다루기쉬운
④ 집착하다　　⑤ 조종하다

18 wreck
① 망가뜨리다　　② 탐사　　③ 승리
④ 조직적인　　⑤ 막다

19 desolate
① 나누다　　② 외로운　　③ 상담의
④ 지역의　　⑤ 파괴적인

20 antecedent
① 선례　　② 동물복지의　　③ 협력하는
④ 애통하는　　⑤ 모범

정답 및 해설

CHAPTER 01 어휘 TEST

빠른 정답 찾기

1 ②	2 ⑤	3 ⑤	4 ①	5 ③	6 ④	7 ②	8 ③	9 ①	10 ⑤
11 ①	12 ③	13 ②	14 ④	15 ②	16 ③	17 ⑤	18 ①	19 ②	20 ①

01 ②
- culmination 최고점
- vantage 우월
- renounce 단념하다
- fabrication 제작
- relinquish 포기하다

02 ⑤
- identify 확인하다
- assess 평가하다
- implement 실행하다
- estimate 추정하다
- appropriate 적절한

03 ⑤
- implication 함축
- context 맥락
- manipulation 조작
- perspective 관점
- extent 정도

04 ①
- duplicate 복제물
- consume 소비하다
- remain 남아있다
- console 위로하다
- breed 번식하다

05 ③
- preserve 보전하다
- disapprove 못마땅해하다
- portray 초상을 그리다
- deserve 자격이 있다
- describe 묘사하다

06 ④
- diameter 지름
- adjacent 근처
- alter 바꾸다
- perimeter 둘레
- linguistic 언어적인

07 ②
- ordinary 평범한
- personnel 직원
- corporate 기업의
- facilitator 조력자
- respective 각각의

08 ③
- compliment 칭찬
- complement 보완하다
- confidential 비밀의
- complaint 불평
- confident 자신있는

09 ①
- parallel 평행의
- alleviate 완화하다
- dispute 논쟁하다
- hinder 방해하다
- advocate 옹호하다

10 ⑤
- interpretation 해석
- quest 탐사
- temporal 시간의
- thump 쾅쾅 치다
- elude 회피하다

정답 및 해설 **107**

01 다음 글의 주제로 가장 적절한 것은?

The principle of humane treatment exerts an important constraint on the administration of criminal justice, a state-run process which has the potential to do very great harm to anybody who becomes caught up in its snares. Suspects and the accused are the ones most obviously in jeopardy. Procedural rules contribute to suspects' humane treatment by providing them with legal advice and assistance to prepare and present their cases in court. Rules of evidence perform a similar function by affording accused persons fair opportunity to answer the charges against them, whilst at the same time respecting their right to remain silent if they choose to keep their counsel and put the prosecution to proof. These and other rules of criminal evidence and procedure treat the accused as thinking, feeling, human subjects of official concern and respect, who are entitled to be given the opportunity to play an active part in procedures with a direct and possibly catastrophic impact on their welfare.

*isnaret: 덫
**prosecution: 검찰 측

① correlations between crime rates and social welfare
② efforts to revise outdated criminal justice procedures
③ expanding government roles in controlling the crime rate
④ changing the definition of humane treatment in modern criminal justice
⑤ humane treatment of suspects and the accused in the criminal justice system

02 다음 글의 제목으로 가장 적절한 것은?

Mending and restoring objects often require even more creativity than original production. The preindustrial blacksmith made things to order for people in his immediate community; customizing the product, modifying or transforming it according to the user, was routine. Customers would bring things back if something went wrong; repair was thus an extension of fabrication. With industrialization and eventually with mass production, making things became the province of machine tenders with limited knowledge. But repair continued to require a larger grasp of design and materials, an understanding of the whole and a comprehension of the designer's intentions. "Manufacturers all work by machinery or by vast subdivision of labour and not, so to speak, by hand," an 1896 Manual of Mending and Repairing explained. "But all repairing must be done by hand. We can make every detail of a watch or of a gun by machinery, but the machine cannot mend it when broken, much less a clock or a pistol!"

① Still Left to the Modern Blacksmith: The Art of Repair
② A Historical Survey of How Repairing Skills Evolved
③ How to Be a Creative Repairperson: Tips and Ideas
④ A Process of Repair: Create, Modify, Transform!
⑤ Can Industrialization Mend Our Broken Past?

03 밑줄 친 "the word's been stolen"이 다음 글에서 의미하는 바로 가장 적절한 것은?

For many people, the words "Cajun" and "Creole" lead to visions of gumbo, red beans and rice, crawfish, and just about anything that's been "blackened, Cajun-style." While these culinary traditions are distinctive and delicious, they have overshadowed the many other unique cultural contributions made by Louisiana's Cajun and Creole communities, and are often considered without reference to the social and historical contexts that produced them. When "Cajun" and "Creole" are reduced to adjectives on menus and food labels, it becomes easy to lose sight of the people those adjectives first described. As poet Sheryl St. Germain writes in "Cajun," she fears "the word's been stolen" by retail commodifiers of a culture emptied of its content and its history, reduced — quite literally — to an object of consumption.

① The Cajun community members have been exploited.
② The linguistic origin of the word has remained misunderstood.
③ The cultural and historical identity of the word has been destroyed.
④ The historical documents on the origin of the word have disappeared.
⑤ The Cajun culture has been isolated from the mainstream American culture.

04 다음 빈칸에 들어갈 말로 가장 적절한 것을 고르시오.

Security should be thought of as an art; it cannot be accomplished through the old "tools and techies" model. An organization should not believe itself to be secure simply because it spends millions on security devices every year. The fact is that having an infinite budget and a large variety of security resources can often be more of a detriment than a benefit in many organizations. Organizations with vast resources at their command are very likely to try to solve security problems by implementing new security toys. I use the word "toy" because a security device, no matter how expensive or complex, is nothing more than a toy if it does not function within a greater security framework. Security cannot be handled exclusively through expensive equipment, as many of us have been led to believe. Security is not a technology; it is a thought process and a methodology. Security within our technologies is nothing until security is _____.

*detriment: 손해
**methodology: 방법론

① in danger
② made simple
③ up to standard
④ given for costs
⑤ within our minds

05 다음 빈칸에 들어갈 말로 가장 적절한 것은?

The urban environment is generally designed so as not to make contact with our skin. We do not push through bushes on our way to school or work. Roads and sidewalks are kept clear of obstacles. Only once in a while are we reminded of the materiality of the environment, as when we feel the brush of an unexpected tree branch or nearly fall over a curb. Most of our time is not even spent outside. "Outside" is often just a space we go through to get "inside." Our time is largely spent indoors, where architecture and design collude to provide an environment as lacking as possible in tactile stimulation. In the modern university or office building, floors and walls are flat and smooth, corridors are clear, the air is still, the temperature is neutral, and elevators carry one effortlessly from one level to another. It is commonly assumed that we are best served by our tactile environment when _____.

*collude: 결탁하다

① we accept its harsh elements
② we scarcely notice its presence
③ it does not hinder social interactions
④ we experience it using all the senses
⑤ its design reflects the natural environment

06 주어진 글 다음에 이어질 글의 순서로 가장 적절한 것은?

Our economy is centered around control and efficiency. Because modern agriculture is a profit-based venture, the existence of failures, inherent to biodiversity, runs counter to our sense of efficient, flawless mass production.

(A) Later, during the scientific and industrial revolutions, farmers used their practical knowledge of genetics to breed plants with preferred characteristics by selective saving of seeds. Until recently, selective seed saving was the basis for all of our food production.

(B) With continuing corporate consolidation and rising industrialization, the evolution of agriculture has been characterized by increasing manipulation and control over crop gene pools. The earliest farmers selected the types of plants to grow.

(C) After a while, people discovered vegetative propagation — a process in which, for example, a piece of a bulb can be broken off and replanted to produce a duplicate to the parent plant. Using this technique, people could control the genetic composition of the next generation.

*vegetative propagation 영양 번식
**bulb 구근[알뿌리] 식물

① (A) – (C) – (B)
② (B) – (A) – (C)
③ (B) – (C) – (A)
④ (C) – (A) – (B)
⑤ (C) – (B) – (A)

07 글의 흐름으로 보아, 주어진 문장이 들어가기에 가장 적절한 곳은?

I have still not exactly pinpointed Maddy's character since wickedness takes many forms.

Imagine I tell you that Maddy is bad. Perhaps you infer from my intonation, or the context in which we are talking, that I mean morally bad. Additionally, you will probably infer that I am disapproving of Maddy, or saying that I think you should disapprove of her, or similar, given typical linguistic conventions and assuming I am sincere. (①) However, you might not get a more detailed sense of the particular sorts of way in which Maddy is bad, her typical character traits, and the like, since people can be bad in many ways. (②) In contrast, if I say that Maddy is wicked, then you get more of a sense of her typical actions and attitudes to others. (③) The word 'wicked' is more specific than 'bad'. (④) But there is more detail nevertheless, perhaps a stronger connotation of the sort of person Maddy is. (⑤) In addition, and again assuming typical linguistic conventions, you should also get a sense that I am disapproving of Maddy, or saying that you should disapprove of her, or similar, assuming that we are still discussing her moral character.

*connotation: 함축

08 다음 글에서 전체 흐름과 관계 없는 문장은?

The rising challenge today for library workers is to help users not only find information on the Internet, but also become skillful evaluators of its usefulness and reliability from the ocean of resources available. Critical thinking skills are also essential. In school and academic libraries, this responsibility is shared with classroom teachers. ① Staff members in special libraries have a responsibility to sift through and evaluate data for their colleagues. ② For public librarians and staff, helping users find and evaluate information is central to their mission. ③ Public libraries play an important role in building social networks by providing a public space where citizens can gather and work on community problems. ④ In all cases, the library worker's role as an evaluator is just as important as that of a facilitator. ⑤ For these reasons, libraries remain alive and well, because the Internet complements libraries, but does not replace them.

*sift through: ~을 꼼꼼하게 살펴 가려내다

09 다음 글의 밑줄 친 부분 중, 문맥상 낱말의 쓰임이 적절하지 않은 것은?

　Sport can trigger an emotional response in its consumers of the kind rarely brought forth by other products. Imagine bank customers buying memorabilia to show loyalty to their bank, or consumers ① identifying so strongly with their car insurance company that they get a tattoo with its logo. We know that some sport followers are so ② passionate about players, teams and the sport itself that their interest borders on obsession. This addiction provides the emotional glue that binds fans to teams, and maintains loyalty even in the face of on-field ③ failure. While most managers can only dream of having customers that are as passionate about their products as sport fans, the emotion triggered by sport can also have a negative impact. Sport's emotional intensity can mean that organisations have strong attachments to the past through nostalgia and club tradition. As a result, they may ④ increase efficiency, productivity and the need to respond quickly to changing market conditions. For example, a proposal to change club colours in order to project a more attractive image may be ⑤ defeated because it breaks a link with tradition.

*memorabilia: 기념품
**obsession: 집착

10 다음 글의 밑줄 친 부분 중, 어법상 틀린 것은?

　The Swiss psychologist Jean Piaget frequently analyzed children's conception of time via their ability to compare or ① estimate the time taken by pairs of events. In a typical experiment, two toy cars were ② shown running synchronously on parallel tracks, one running faster and stopping further down the track. The children were then asked to judge ③ whether the cars had run for the same time and to justify their judgement. Preschoolers and young school-age children confuse temporal and spatial dimensions: Starting times are judged by starting points, stopping times by stopping points and durations by distance, though each of these errors does not necessitate ④ the others. Hence, a child may claim that the cars started and stopped ⑤ to run together (correct) and that the car which stopped further ahead, ran for more time (incorrect).

*synchronously: 동시에

정답 및 해설

CHAPTER 03
REAL 하프 모의고사 6회

빠른 정답 찾기

| 1 ⑤ | 2 ① | 3 ③ | 4 ⑤ | 5 ② | 6 ③ | 7 ④ | 8 ③ | 9 ④ | 10 ⑤ |

01   ⑤

해석 인도적 대우의 원칙은 형사법 집행에 중요한 제약을 가하는데, 이는 그 덫에 걸리는 누구에게나 매우 큰 피해를 줄 가능성을 가진 국가 운영 과정이다. 가장 명백히 위험에 처해 있는 자들은 피의자와 피고인이다. 소송 절차 규정은 논거를 준비해서 법정에서 개진하기 위한 법적 조언과 지원을 제공함으로써 피의자에 대한 인도적 대우에 공헌한다. 증거 규정은 피고인이 잠자코 있기로 선택하고 검찰 측이 입증하도록 한다면 묵비권을 행사할 권리를 존중해 주면서 동시에 피고인에게 자신에 대한 혐의에 대응할 공정한 기회를 제공함으로써 유사한 기능을 수행한다. 이런 것들과 형사상의 증거와 소송 절차에 관한 다른 규정들은 피고인을 공적인 배려와 존중의 대상이 되는, 생각하고, 느끼고, 인간적인 대상으로 대우하는데, 그들은 자신의 안녕에 직접적이고도 어쩌면 파멸적일 수 있는 영향력을 지닌 소송 절차에서 적극적인 역할을 할 수 있는 기회를 제공받을 권리를 부여받게 된다.

02   ①

해석 물건을 고치고 복원하는 것에는 흔히 최초 제작보다 훨씬 더 많은 창의력이 필요하다. 산업화 이전의 대장장이는 가까이에 사는 마을 사람들을 위해 주문에 따라 물건을 만들었고, 제품을 주문 제작하는 것, 즉 사용자에게 맞게 그것을 수정하거나 변형하는 일이 일상적이었다. 고객들은 뭔가 잘못되면 물건을 다시 가져다주곤 했고, 따라서 수리는 제작의 연장이었다. 산업화와 결국 대량 생산이 이루어지면서, 물건을 만드는 것은 제한된 지식을 지닌 기계 관리자의 영역이 되었다. 그러나 수리에는 설계와 재료에 대한 더 큰 이해, 즉 전체에 대한 이해와 설계자의 의도에 대한 이해가 계속 요구되었다. 1896년의 Manual of Mending and Repairing의 설명에 따르면, "제조업자들은 모두 기계나 방대한 분업으로 일하고, 말하자면 수작업으로 일하지는 않는다." "그러나 모든 수리는 손으로 '해야 한다'. 우리는 기계로 손목시계나 총의 모든 세부적인 것을 만들 수 있지만, 고장 났을 때 기계는 그것을 고칠 수 없으며, 시계나 권총은 말할 것도 없다!"

03   ③

해석 많은 사람들에게 'Cajun'과 'Creole'이라는 말은 검보, 팥과 쌀, 가재, 그리고 '검게 그을린, Cajun 스타일'이 된 거의 모든 것을 상상하게 만든다. 이러한 요리 전통은 독특하고 즐길 만하지만, Louisiana 주의 Cajun과 Creole 공동체에 의한 다른 많은 독특한 문화적 기여를 무색하게 만들었으며, 그것을 만든 사회적, 역사적 상황과 관계없이 고찰되는 경우가 자주 있다. 'Cajun'과 'Creole'이 메뉴와 음식 라벨 위의 형용사로 전락할 때 그 형용사들이 처음 묘사했던 사람들이 더 이상 안 보이게 되기 쉬워진다. 시인 Sheryl St.Germain이 'Cajun'에서 쓰듯이, 그녀는 문화를 상품화하는 소매상들에 의해 '그 단어가 도둑맞아' 그것의 내용과 역사가 비어 없어지고 진짜 말 그대로 소비의 대상으로 전락했다고 우려한다.

04   ⑤

해석 보안은 예술로 간주되어야 하는데, 왜냐하면 그것은 예전부터 있던 '도구와 기술 전문가' 모델을 통해서는 이루어질 수 없기 때문이다. 어떤 기관은 그것이 매년 수백만 달러를 보안 장치에 지출한다는 이유만으로 그 자체가 보안이 유지된다고 믿어서는 안 된다. 사실 막대한 예산과 아주 다양한 보안 재원을 가지고 있다는 것은 많은 기관들에서 흔히 이익이라기보다는 손해이다. 마음대로 사용할 수 있는 막대한 재원을 지니고 있는 기관들은 새로운 보안 장난감을 실행함으로써 보안 문제를 해결하고자 할 가능성이 매우 크다. 나는 '장난감'이라는 단어를 사용하는데, 왜냐하면 보안 장치라는 것은 아무리 비싸거나 복잡하더라도 그것이 더 큰 보안 체계 내에서 기능을 하지 않는다면 장난감에 지나지 않기 때문이다. 보안은 우리들 중 많은 이들이 믿게 되었던 것처럼 오로지 값비싼 장비를 통해서만 다루어질 수는 없다. 보안은 기술이 아니라 사고의 과정이고 방법론이다. 우리의 기술 속에 있는 보안은 (보안이) <u>우리의 마음속에 있을</u> 때 가치가 있다.

05 ②

해석 도시 환경은 일반적으로 우리의 피부와 접촉하지 않도록 설계된다. 우리는 우리가 학교 혹은 직장에 가는 길에 덤불을 통과하지 않는다. 길과 보도는 장애물이 없도록 유지된다. 우리가 예상치 못한 나뭇가지의 스침을 느끼거나 연석에 거의 넘어질 뻔할 때처럼 우리는 오직 이따금 한 번씩 환경의 물질성에 대해 떠올리게 된다. 우리 시간의 대부분은 심지어 밖에서 보내지지 않는다. 보통 '외부'는 단지 우리가 '내부'에 가기 위해 거쳐 가는 공간일 뿐이다. 우리의 시간은 주로 실내에서 보내지고 그곳에서 건축술과 설계가 가능한 한 촉각적 자극이 결여된 환경을 제공하기 위해 결탁한다. 현대의 대학 혹은 사무실 건물에서 바닥과 벽은 평평하고 매끈하며 복도는 깨끗하고 공기는 바람 한 점 없으며 온도는 중간이고 승강기는 사람을 한 층에서 다른 층으로 수월하게 실어 나른다. 우리가 그 존재를 거의 알아차리지 않을 때 우리의 촉각 환경에 의해 우리가 최고의 편의를 제공받는다고 흔히 여겨진다.

06 ③

해석 우리 경제는 주로 통제와 효율에 관심이 있다. 현대 농업이 이익 기반의 사업이기 때문에, 생물 다양성에 내재하는 흉작의 존재는 효율적이고 결점이 없는 대량 생산에 대한 우리의 의식에 배치된다. (B) 계속되는 기업 합병과 증가하는 산업화와 함께, 농업의 발전은 농작물 유전자 집단에 대한 조작 및 통제의 증가로 특징지어졌다. 최초의 농부들은 재배할 식물의 유형을 선택했다. (C) 얼마 후, 사람들은 영양 번식을 발견했는데, 이것은 예를 들어 구근 식물의 한 조각이 분리되어 모체 식물의 복제 식물을 생산하기 위해 다시 심어질 수 있는 과정이다. 이 기법을 이용하여 사람들은 다음 세대의 유전적 구성을 통제할 수 있었다. (A) 나중에, 과학 및 산업 혁명 시기 동안 농부들은 유전학에 대한 자신들의 실용적 지식을 이용하여 선택적 종자 저장을 통해, 선호되는 특징을 가진 식물의 품종을 개량했다. 최근까지, 선택적 종자 저장이 우리의 모든 식품 생산을 위한 토대였다.

07 ④

해석 내가 여러분에게 Maddy가 나쁘다고 말한다고 생각해 보라. 아마 여러분은 나의 억양이나 우리가 말하고 있는 상황으로부터 내 뜻이 도덕상 나쁘다는 것이라고 추론한다. 게다가 여러분은 아마, 일반적인 언어 관행을 고려하고 내가 진심이라고 상정한다면, 내가 Maddy를 못마땅해하고 있다고, 또는 내 생각에 여러분이 그녀를 못마땅해하거나 그와 비슷해야 한다고 내가 말하고 있다고, 추론할 것이다. 하지만 여러분은 Maddy가 나쁜 특정 유형의 방식, 그녀의 일반적인 성격 특성 등에 대해서는 더 자세하게 인식하지 못할 수도 있는데, 사람들은 여러 방면에서 나쁠 수 있기 때문이다. 그에 반해서, 만일 내가 Maddy는 사악하다고 말한다면, 그러면 여러분은 다른 사람들에 대한 그녀의 일반적인 행동과 태도를 더 인식하게 된다. '사악한'이라는 낱말은 '나쁜'보다 더 구체적이다. 사악함은 여러 형태를 띠기 때문에 나는 여전히 Maddy의 성격을 정확하게 지적하지 않았다. 그러나 그럼에도 불구하고 더 많은 세부 사항, 아마도 Maddy의 사람 유형에 대한 더 두드러진 함축이 있다. 게다가, 그리고 다시 일반적인 언어 관행을 상정하면, 여러분은 또한, 우리가 여전히 그녀의 도덕적 성격을 논하고 있다고 상정하면서, 내가 Maddy를 못마땅해하고 있다고, 또는 여러분이 그녀를 못마땅해하거나 그와 비슷해야 한다고 내가 말하고 있다고 인식할 것이다.

08 ③

해석 오늘날 도서관 직원들에게 증가하고 있는 어려운 과제는 이용자들이 인터넷에서 정보를 찾는 것뿐만 아니라, 이용 가능한 아주 많은 자원에서 그 정보의 유용성과 신뢰성에 대한 숙련된 평가자가 되도록 돕는 것이다. 비판적 사고 능력 또한 필수적이다. 학교 도서관과 학술 도서관에서 이러한 책임은 교실의 교사들과 공유된다. 전문 분야 도서관의 직원들은 동료들을 위해 데이터를 꼼꼼하게 살펴 가려내고 평가해야 할 책임이 있다. 공공 도서관 사서들과 직원들에게는, 이용자들이 정보를 찾고 평가하는 것을 돕는 것이 그들의 임무에 가장 중요하다. (공공 도서관은 시민들이 모여 지역 사회 문제를 다룰 수 있는 공공의 공간을 제공함으로써 사회관계망 구축에 중요한 역할을 한다.) 모든 경우에 있어, 평가자로서의 도서관 직원의 역할은 조력자로서의 역할만큼이나 중요하다. 이러한 이유로, 도서관은 여전히 건재한데, 그것은 인터넷이 도서관을 보완하지만, 대체하지는 않기 때문이다.

09 ④

해석 스포츠는 그것의 소비자에게 다른 제품이 좀처럼 일으키지 못하는 종류의 정서적 반응을 촉발시킬 수 있다. 은행 고객이 그들 은행에 대한 충성심을 보여주기 위해 기념품을 구입하거나, 고객이 그들 자동차 보험 회사에 대해 매우 강한 동질감을 가져서 회사 로고로 문신을 한다고 상상해 보라. 우리는 일부 스포츠 추종자들이 선수, 팀, 그리고 그 스포츠 자체에 매우 열정적이어서 그들의 관심이 집착에 아주 가깝다는 것을 알고 있다. 이런 중독은 팬을 팀과 묶어주는 정서적 접착제를 제공하고, 구장에서 일어나는 실패에도 충성심을 유지하게 한다. 대부분의 관리자는 스포츠팬만큼 그들 제품에 열정적인 고객을 가지기를 오직 꿈꾸지만, 스포츠로 인해 촉발되는 감정은 또한 부정적인 영향을 미칠 수 있다. 스포츠의 정서적 격렬함은 조직이 향수와 클럽 전통을 통해 과거에 대한 강한 애착을 가지고 있다는 것을 의미할 수 있다. 그 결과, 그것은[조직은] 효율성, 생산성 및 변화하는 시장 상황에 신속하게 대응해야 할 필요성을 늘릴(→ 무시할) 수도 있다. 예를 들어, 더 매력적인 이미지를 투사하기 위해 클럽 색깔을 바꾸자는 제안은 그것이 전통과의 관계를 끊기 때문에 무산될 수도 있다.

③ judge의 목적어 역할을 하는 명사절을 이끌며 문맥상 '~의 여부'또는 '~인지 아닌지'라는 의미를 나타내야 하므로 whether는 적절하다.

④ these errors 중에서 각각의 each를 제외한 나머지 전체를 나타내야 하므로 the others는 적절하다.

10
⑤

해석 스위스의 심리학자 Jean Piaget는 짝 지은 사건에 소요되는 시간을 비교하거나 추정하는 아이들의 능력을 통해 그들의 시간 개념을 자주 분석했다. 한 대표적인 실험에서 두 대의 장난감 자동차가 동시에 평행 선로에서 달리고 있는 것을 보여 주었는데, 한 대가 더 빠르게 달려 선로를 따라 더 먼 곳에서 멈췄다. 그리고 나서 아이들은 그 자동차들이 똑같은 시간 동안 달렸는지의 여부를 판단하고 자신들의 판단이 옳다는 것을 설명해 보라는 요청을 받았다. 미취학 아동과 어린 학령기 아동은 시간 차원과 공간 차원을 혼동한다. 시작 시각은 시작 지점에 의해, 정지 시각은 정지 지점에 의해, 그리고 지속 시간은 거리에 의해 판단되는데, 그렇기는 하나 이 오류들 각각이 나머지 오류 모두를 필연적으로 동반하지는 않는다. 따라서 아이는 그 자동차들이 동시에 달리기 시작해서 동시에 달리는 것을 멈췄고(맞는 사실이다), 앞에 더 멀리 정차한 자동차가 더 오랜 시간 동안 달렸다(틀린 사실이다)고 주장할 수도 있다.

해설 ⑤ 「stop + to부정사구」는 '~하기 위해 멈추다'이고, 「stop + 동명사구」는 '~하는 것을 멈추다'라는 의미이다. 문맥상 started (running) and stopped running이 되어야 하므로 running이 적절하다.

① or에 의해 compare와 estimate가 대등하게 연결되어 모두 to에 이어져 their ability의 내용을 구체적으로 설명해 주는 to부정사구를 이룬다. 따라서 estimate는 적절하다.

② two toy cars가 보여 주는 행위(show)의 대상이므로 수동태를 이루는 과거분사 shown은 적절하다.

CHAPTER 03 구문연습

12주차 | 출제 트렌드 변화 후 시험을 가장 완벽하게 분석한 교재

01 아래 문장을 올바르게 해석하세요.

The principle of humane treatment exerts an important constraint on the administration of criminal justice, a state-run process which has the potential to do very great harm to anybody who becomes caught up in its snares.

02 아래 문장을 올바르게 해석하세요.

These and other rules of criminal evidence and procedure treat the accused as thinking, feeling, human subjects of official concern and respect, who are entitled to be given the opportunity to play an active part in procedures with a direct and possibly catastrophic impact on their welfare.

03 아래 문장을 올바르게 해석하세요.

Manufacturers all work by machinery or by vast subdivision of labour and not, so to speak, by hand. But all repairing must be done by hand. We can make every detail of a watch or of a gun by machinery, but the machine cannot mend it when broken, much less a clock or a pistol!

04 아래 문장을 올바르게 해석하세요.

While these culinary traditions are distinctive and delicious, they have overshadowed the many other unique cultural contributions made by Louisiana's Cajun and Creole communities, and are often considered without reference to the social and historical contexts that produced them.

05 아래 문장을 올바르게 해석하세요.

As poet Sheryl St. Germain writes in "Cajun," she fears "the word's been stolen" by retail commodifiers of a culture emptied of its content and its history, reduced — quite literally — to an object of consumption.

06 아래 문장을 올바르게 해석하세요.

Security cannot be handled exclusively through expensive equipment, as many of us have been led to believe.

07 아래 문장을 올바르게 해석하세요.

Because modern agriculture is a profit-based venture, the existence of failures, inherent to biodiversity, runs counter to our sense of efficient, flawless mass production.

08 아래 문장을 올바르게 해석하세요.

With continuing corporate consolidation and rising industrialization, the evolution of agriculture has been characterized by increasing manipulation and control over crop gene pools.

09 아래 문장을 올바르게 해석하세요.

Additionally, you will probably infer that I am disapproving of Maddy, or saying that I think you should disapprove of her, or similar, given typical linguistic conventions and assuming I am sincere.

10 아래 문장을 올바르게 해석하세요.

The Swiss psychologist Jean Piaget frequently analyzed children's conception of time via their ability to compare or estimate the time taken by pairs of events.

CHAPTER 04 영작연습

12주차 | 출제 트렌드 변화 후 시험을 가장 완벽하게 분석한 교재

01 아래 문장을 올바르게 영작하세요.

미니모의고사 11주차 01번

우리는 유럽의 다양한 문화를 보존하도록 강하게 권장받는 동안 동시에 공익을 위해 공통점을 인정하고, 협력하고, 통합하고, 통일할 것을 강력히 촉구받는다.

(the variety of cultures / to preserve / We / strongly / are / in Europe / encouraged), whilst at the same time (to recognize / for the common good / collaborate, / commonalities, / and unify / integrate / urged).

→

02 아래 문장을 올바르게 영작하세요.

미니모의고사 11주차 02번

그전에도 그 이후에도, 기념비성이라는 특성이 이집트에서처럼 완전히 달성된 적은 한 번도 없었다.

Never before and never since (monumentality / it / has / as fully as / in Egypt / the quality / was / of / been achieved).

→

03 아래 문장을 올바르게 영작하세요.

그녀는 분별없는 살충제의 살포가 야생동물에게 끼친 심각한 피해를 강력하게 주장했고 인간에게 또한 미칠 수 있는 잠재적인 위협을 폭로했다.

(reckless spraying / had caused / of pesticides / She / for the severe damage / to wildlife / that / made a forceful case) and (the potential threat / as well / exposed / to humans).

→

04 아래 문장을 올바르게 영작하세요.

그녀의 관심은 그녀의 어머니가 그 질병을 진단 받았다는 사실로 촉발되었으며, 그 때문에 그녀는 그 주제에 대해 찾을 수 있는 한 많은 것을 읽었다.

(Her interest / that / had been diagnosed / by the fact / had been sparked / her mother / with the disease), prompting her to read (she / on the subject / as much as / find / could).

→

05 아래 문장을 올바르게 영작하세요.

우리가 합리성이나 무엇이 옳거나 좋은지에 대한 논리적 원칙들에 의해 형성된다고 믿는 그런 결정들조차도 사실 직감에 따른 감정적 반응에 의해 더 자주 유발된다.

> Even those decisions which, we believe, (or logical principles / by rationality / what is right or good / are shaped / about) are in fact (by / triggered / a gut emotional response / more often).

정답 및 해설

CHAPTER 04 영작연습

01

We are strongly encouraged to preserve the variety of cultures in Europe, whilst at the same time urged to recognize commonalities, collaborate, integrate and unify for the common good.

02

Never before and never since has the quality of monumentality been achieved as fully as it was in Egypt.

03

She made a forceful case for the severe damage that reckless spraying of pesticides had caused to wildlife and exposed the potential threat to humans as well.

04

Her interest had been sparked by the fact that her mother had been diagnosed with the disease, prompting her to read as much as she could find on the subject.

05

Even those decisions which, we believe, are shaped by rationality or logical principles about what is right or good are in fact more often triggered by a gut emotional response.

이얼 #03
공무원영어
월간문제집
Soar 오름 [소:오름]

초판발행 2023년 12월 19일

편저자   이얼
발행인   양승윤
발행처   ㈜용감한컴퍼니
등록번호 제2016-000098호
전화   070-4603-1578
팩스   070-4850-8623
이메일   book@bravecompany.io
ISBN   979-11-6743-393-0
정가   14,000원

이 책은 ㈜용감한컴퍼니가 저작권자와의 계약에 따라 발행한 것이므로
본사의 허락 없이는 어떠한 형태나 수단으로도 이 책의 내용을 이용하지 못합니다.
잘못된 책은 구입처에서 교환해 드립니다.